GRACE

DU MÊME AUTEUR

Michel Sardou, 50 années ensemble, Fayard, 2015.

La Dernière Nuit de Claude François, L'Archipel, 2012 ; Archipoche, 2013.

Bernard Giraudeau, le baroudeur romantique, L'Archipel, 2011 ; Archipoche, 2012.

Les Images de ma vie, avec Michel Sardou et Richard Melloul, Flammarion, 2011.

Delon & Romy, un amour impossible, Éditions du Rocher, 2010 ; Archipoche, 2012.

Belmondo l'incorrigible, Flammarion, 2008 ; Archipoche, 2010.

Patrick Dewaere : la douleur de vivre, Albin Michel, 2007.

Julien Clerc : à mon âge et à l'heure qu'il est, Albin Michel, 2005.

Les Voix du Québec, Michel Lafon, 2004.

People, l'abécédaire du paraître, avec Henry-Jean Servat, Hors Collection, 2004.

Il s'appelait Claude…, Albin Michel, 2003.

Le Grand Atlas Hitchcock, Atlas, 2000.

La Fureur de vivre, JC Lattès, 1993.

www.bertrandtessier.com

Que Lila continue de protéger Myriam B.

«Il n'y a pas de hasard,
il n'y a que des rendez-vous.»

Paul Éluard

Prologue

C'est un serpentin qui semble jeté dans la montagne. Il tournoie, ondule, oscille au milieu des pins et de la garrigue.

Sur les cartes routières, ce ruban de macadam reliant La Turbie à Cap-d'Ail, aux portes de Monaco, s'appelle la D37 – route départementale numéro 37. Dans un premier temps, elle est presque rectiligne, ses courbes ne font qu'épouser le contour des Alpes ; mais, à l'approche de la mer, elle bifurque à gauche avant d'enchaîner trois épingles à cheveux pour rattraper la moyenne corniche en contrebas.

Si les routes, comme les rues des villes, étaient baptisées de noms célèbres, la D37 s'appellerait sans aucun doute Grace-Kelly, tant elle semble avoir été déterminante dans la trajectoire de la star devenue princesse.

Été 1954. Grace Kelly tourne dans l'arrière-pays niçois *La Main au collet* d'Alfred Hitchcock. Au volant d'une Sunbeam Talbot Alpine décapotable gris métallisé, intérieur cuir crème, elle conduit doucement avant de repérer dans son rétroviseur une Traction avant.

— Pourquoi traîner ainsi? lui demande son passager, Cary Grant, qui a lui aussi remarqué la Citroën.

— C'est exactement ce que je me demandais, lui répond-elle.

Elle accélère aussitôt. La vitesse plaque ses cheveux en arrière et laisse flotter au vent son foulard couleur saumon, tel un étendard. Dans sa course folle, le pied sur l'accélérateur, Grace évite de peu un car qui déboule en sens inverse dans un échange de coups de klaxons, frôlant le petit parapet, protection dérisoire pour les imprudents. Ses pneus à liseré blanc crissent, mais elle maintient le cap. Au petit village de La Turbie, elle pile pour laisser traverser une vieille dame qui, affolée, en laisse tomber son paquet de linge. Puis, quelques centaines de mètres plus loin, elle s'arrête à temps pour éviter un poulet égaré sur la route.

Derrière la coquetterie toute féminine de ses gants blancs, elle contrôle la situation avec dextérité – si ce n'est les frémissements de son cœur, elle a toujours tout contrôlé –, quitte à flanquer la frousse à cette mauviette de Cary Grant. Chacun de ses gestes est une caresse et pourtant elle dégage une force incroyable : cette femme est double, bien plus complexe que l'image lisse que les magazines en papier glacé n'ont cessé de colporter.

— Et s'ils nous rejoignent ? demande Grace, qui finit par semer ses poursuivants avant d'improviser un pique-nique sur un terre-plein avec vue sur la Méditerranée.

Au fond, on distingue le palais de Monaco. La principauté vient d'entrer dans sa vie presque malgré elle, comme une image subliminale. Séquence magnifique, gravée à jamais dans la mémoire collective, fusion parfaite du glamour et du suspense, point d'orgue d'une filmographie météorique dans le firmament des stars. Jamais elle n'a été si belle, si lumineuse, si radieuse.

Quelques mois plus tard, dans *Haute Société*, son dernier film, tourné entre l'annonce de ses fiançailles avec le prince Rainier et son mariage, on la voit rouler en trombe au volant d'une Mercedes décapotable.

— Où allons-nous ? lui demande Frank Sinatra, son passager.

— Au cimetière.

Ce jour-là, d'une certaine manière, Grace Kelly avait enterré Grace Kelly.

*

Devenue princesse de Monaco, Grace empruntera des centaines de fois cette D37, passage obligatoire pour rejoindre sa maison de campagne à Roc Agel. Elle en connaît les moindres virages, les moindres bosses, les moindres pièges.

— Un jour, il y aura ici un horrible accident, dira-t-elle à son amie Gwen Robyns, alors qu'elles roulent dans la dernière épingle à cheveux. Un accident mortel. Je le vois.

Piètre conductrice, Grace a toujours eu le pressentiment qu'elle mourrait dans un accident de voiture. Persuadée d'avoir des dons de voyance, elle consulte régulièrement des médiums, comme pour vérifier ses intuitions. Au milieu des années 1970, elle a pris rendez-vous chez Frank Andrews, l'un des plus réputés de Manhattan. Au moment de quitter son cabinet sur Mulberry Street, elle lui a dit :

— Une dernière question : est-ce que je vais mourir d'un accident de la circulation ?

Vingt-huit ans après *La Main au collet*, c'est sur cette D37 que Grace ratera son dernier virage et se fracassera une quarantaine de mètres plus bas.

Comment ne pas être frappé par le synchronisme de ces deux scènes – l'une de cinéma, l'autre, hélas, réelle ? Coïncidence ? Simple concours de circonstances ? On a beau croire au libre arbitre, se persuader que l'on est maître de son existence, être convaincu que l'on a toujours le choix, on ne peut qu'être troublé par ces deux scènes qui se répondent comme dans une tragédie grecque, où le rôle jadis dévolu au destin serait assumé par l'accident de voiture, fléau du XXe siècle, qui a transformé en mythe les existences de James Dean, Albert Camus ou Lady Di.

Einstein écrivait : « Tout est déterminé par des forces sur lesquelles nous n'exerçons aucun contrôle. Ceci vaut pour l'insecte autant que pour l'étoile. Les êtres humains, les légumes, la poussière cosmique – nous dansons tous au son d'une musique mystérieuse, jouée à distance par un flûtiste invisible. » Philippe Labro en a tiré une belle variation romanesque[1], évoquant « l'élément inconnu », celui qui fait que, soudain, la vie bascule dans le pire ou le meilleur.

Qu'est-ce qui fait que la providence se transforme un jour en destin ? Le hasard ? La fatalité ? La main de Dieu ? L'ironie du sort ? Le *mektoub*, comme disent les sages orientaux ? Pour comprendre l'incertitude des choses, sans doute faut-il accepter une part d'irrationnel. Le mystère de l'existence.

Toute vie est un roman et celle de Grace le fut plus qu'aucune autre. Ou plutôt ses deux vies car, dans une étonnante symétrie, elle a vécu vingt-six années et demie sous l'identité de Grace Kelly et tout autant sous celle de Grace de Monaco. Deux existences – deux

---

1. *Le Flûtiste invisible*, Gallimard, 2013.

femmes ? – qui s'enrichissent mutuellement, se complètent et parfois s'opposent, voire se contredisent.

Qui était vraiment Grace ?

PREMIÈRE PARTIE

UNE FEMME LIBRE

1

DANS L'OMBRE D'UN *SELF MADE MAN*

Dans l'imaginaire américain, Philadelphie n'a jamais fait rêver. L'humoriste W. C. Fields, qui y était né, avait imaginé un concours dont les récompenses auraient été les suivantes : « Premier prix : une semaine à Philadelphie. Deuxième prix : deux semaines à Philadelphie. Troisième prix : trois semaines à Philadelphie. »

Cinquième ville du pays, première à se doter d'un plan rectiligne, Philadelphie est pourtant restée dix ans capitale des États-Unis. C'est là que Jefferson, le 4 juillet 1776, a signé la Déclaration d'indépendance. Dans la tradition de son fondateur, un quaker anglais qui prônait l'égalité, la tolérance et la non-violence, elle a longtemps été un point d'ancrage pour les exilés de la vieille Europe fuyant leur condition ou les persécutions. Une terre d'accueil illustrant le concept de melting-pot sur lequel s'est fondée la nation américaine.

Deux ans après son arrivée en Amérique, John Henry Kelly, futur grand-père de Grace, s'y installe en 1870. Il est né dans une ferme près de Newport, au bord du lac Leg of Mutton, sur la côte ouest de l'Irlande. Une terre aride, ingrate, battue par le vent, où les paysans ont le choix entre la pauvreté et la misère. Un mauvais champignon vient même de dévaster les champs de pommes de terre, provoquant une famine meurtrière. À dix-sept ans, il a préféré embarquer en troisième classe sur un transatlantique pour tenter sa chance dans le Nouveau Monde. Il y a épousé Mary Ann Costello, elle aussi originaire du comté de Mayo. À Philadelphie, ils emménagent à East Falls, un quartier irlandais ouvrier, au milieu des baraques en bois. Ils auront dix enfants, dont le cadet se prénomme John Jack Brendan.

À treize ans, Jack commence à travailler dans l'entreprise de construction créée par son frère Patrick Henry, qui a dix-huit ans de plus que lui. Mais la Grande Guerre survient, qui ébranle le monde entier. Faute de pouvoir s'engager dans l'aviation en raison d'une mauvaise vue, Jack rejoint le corps d'ambulances américain en France. À son retour, sa famille lui prête de l'argent pour l'aider à créer sa propre entreprise de maçonnerie, Kelly for Brickwork. Raflant les plus gros marchés d'une ville alors en pleine mutation, mais aussi de toute la Nouvelle-Angleterre – il construira notamment le Radio City Hall de New York –, il ne tarde pas à devenir le roi de la brique et du béton.

Issu du quartier le plus pauvre de Philadelphie, il se fait bâtir dès 1924 une maison dans le secteur le plus chic de la ville, Germantown, réservé aux grandes familles locales. Située au 3901 Henry Avenue, c'est une demeure imposante de dix-sept pièces, avec court de tennis cimenté au milieu de la pelouse et des acacias. Une propriété aux allures de revanche sociale :

— Je veux une grande allée devant la porte d'entrée pour garer ma voiture, a-t-il ordonné à son architecte, avec la fierté du « plouc » irlandais qui a réussi.

Jack ou l'incarnation de l'*American dream* : la certitude que l'on ne s'élève que par soi-même et que le travail est la valeur suprême. «On n'a rien sans rien», aime-t-il à répéter. Pour lui, il ne s'agit pas de bien faire, mais de toujours mieux faire. C'est un meneur d'hommes dont le perpétuel sourire dégage un enthousiasme communicatif, un *tough guy* pour qui la réussite s'acquiert à la force des bras, au propre comme au figuré.

Pour pénétrer la mentalité rigide de la ville, Jack a en effet un atout maître : son physique. Un mélange de charme et de puissance : traits réguliers, nez droit, yeux bleus, mâchoire carrée où transparaît la volonté, carrure imposante, 1,85 mètre et 80 kilos de muscles. Une corpulence d'athlète, doublée d'un mental d'acier, qui a fait de lui un compétiteur de haut niveau : il a compris avant l'heure que le sport aussi peut être un ascenseur social. Ce sera son passeport pour entrer dans la haute société de Philadelphie.

Après s'être essayé à la boxe, catégorie mi-lourds, il se lance dans l'aviron. C'est le sport emblématique des riches Blancs de la Côte est, ces wasps (*white anglo-saxon protestants*) qui ont structuré l'élite de la société américaine, celui que l'on pratique dans les universités chics de la Ivy League. Ses biceps affûtés par le transport des briques et des sacs de ciment lui permettent de damer le pion aux meilleurs. Lorsqu'il s'inscrit à la plus prestigieuse compétition du moment, la Diamonds Sculls de Henley, en Grande-Bretagne, sa candidature est rejetée. Officiellement, parce que son club a été exclu ; officieusement, parce qu'il n'est pas un gentleman. En d'autres termes, un travailleur manuel n'est pas digne de cette course. Humiliation sociale qu'il exorcise en 1920 en remportant deux médailles d'or aux Jeux olympiques, devant le dernier vainqueur de

Henley ! Philadelphie l'accueille en héros. Un journal le qualifie de « mâle américain le plus parfaitement constitué ». La légende voudra qu'il ait envoyé sa casquette au roi George V accompagnée d'un petit mot : « Avec les compliments d'un maçon. »

Quatre ans plus tard, nouvelle médaille d'or aux Jeux olympiques de Paris. Cette même année, Jack remporte une autre victoire : il épouse en janvier Margaret Katherine Majer, surnommée « Ma », qu'il a rencontrée avant son départ pour la guerre à la piscine du Turngemeinde, association sportive fondée par des immigrés allemands. Blonde aux yeux bleus, élancée, ancien mannequin, elle est devenue la première femme à enseigner l'éducation physique à l'université de Pennsylvanie. Parti enviable : sa famille n'est pas fortunée, mais ses quartiers de noblesse remontent au XVIe siècle. Ses ancêtres ont grandi dans un château sur les rives du lac de Constance, en Allemagne, et elle n'a commencé à apprendre l'anglais qu'à l'âge de six ans. Des origines que les publicistes des studios prendront soin de gommer lorsque Grace Kelly commencera à se faire connaître, de peur de réveiller un sentiment antigermanique encore vivace dans l'immédiat après-guerre…

Née le 12 novembre 1929, deux semaines après le grand krach boursier de Wall Street, Grace Patricia Kelly est la troisième des quatre enfants de la famille à voir le jour. Autant dire qu'elle occupe la plus mauvaise place : elle n'est ni l'aînée (Margaret Katherine, « Peggy », née en 1925), ni la cadette (Elizabeth Ann, « Lizanne », née en 1933), ni le garçon (John Brendan Jr, « Kell », né en 1927).

Durant sa tendre enfance, elle semble toujours « à côté », comme étrangère au clan : quand ses aînés ont le droit de jouer à l'extérieur, elle reste confinée à la maison, souvent alitée, car elle enchaîne rhinites, otites, allergies et crises d'asthme. Entre deux cataplasmes à la moutarde, sa mère lui fait saucer jusqu'à la dernière goutte le jus des rôtis pour lui donner des forces, tandis que son père l'observe avec incompréhension : il ne se reconnaît pas dans cette petite fille souffreteuse qui a toujours un mouchoir à la main et préfère ses poupées à la vie au grand air. « Elle est née avec un rhume », considère-t-il, or il n'aime que les gosses qui tombent et se relèvent aussitôt. Jusqu'à sa mort en 1960, la distance restera la marque de leurs relations. Même lorsque la star fera scintiller le nom des Kelly sur les frontons des cinémas du monde entier, son père ne parviendra pas à être admiratif de son parcours. Une fois de plus, le dernier mot revient à Mö-tseu : « Tout commence par le manque d'amour. »

En fait, Jack n'en a que pour son fils et son aînée, Peggy. Du moins quand il est chez lui, c'est-à-dire rarement, car il est accaparé par son entreprise, ses ambitions politiques, ses copains de sport et ses maîtresses. Un jour de décembre, racontera une amie de la famille qui travaillait au grand magasin Gimbels, Jack commande vingt-sept trousses de maquillage identiques pour les offrir à ses conquêtes le soir de Noël… Margaret est au courant, mais elle serre les dents : pour elle, l'important est de préserver les apparences, de montrer l'image d'un clan uni. Comme les Kennedy, une autre famille d'Irlandais, catholiques eux aussi, parviennent à le faire à Boston, malgré les infidélités de Joe, le patriarche. Une pure crapule, celui-là : il a boursicoté avant de devenir patron de la régulation des marchés, fait fortune en important illégalement de l'alcool pendant la Prohibition, défendu Hitler quand il était ambassadeur en Angleterre… N'empêche, il portera le nom de sa famille au pinacle en faisant élire son fils John à la Maison Blanche.

Si la mère de Grace s'est convertie du luthéranisme au catholicisme pour épouser Jack, elle est restée allemande dans l'âme. Toute sa vie, elle gardera un côté général prussien. C'est d'une main de fer qu'elle éduque ses enfants : elle croit aux vertus de la discipline et du travail. À ses filles, elle enseigne la nécessité de respecter les bonnes manières, de tenir parole, de masquer ses émotions, de dissimuler ses douleurs et de toujours faire bonne figure. Et pas question de rester inactives : le moindre moment de loisir est mis à profit pour tricoter ou faire du crochet. Quand, à six ans, Grace rejoint les bancs de la Ravenhill Academy, une école privée ultra-sélect pour filles, elle n'est pas surprise que les religieuses de l'Assomption lui imposent de porter des gants blancs sur le chemin de l'école : Margaret l'exigeait chaque fois qu'elle était de sortie. D'une certaine manière, Grace a déjà toutes les cartes en main pour s'adapter, plus tard, au protocole d'une vie de princesse…

Entre la sévérité de sa mère, les absences de son père et le manque de communication avec ses sœurs et son frère, Grace trouve refuge auprès de Godfrey Ford, dit « Fordie ». C'est l'homme à tout faire de la maison : il brique les voitures, entretient le jardin, aide à l'organisation des réceptions. Lorsque la nounou est en congé, c'est lui qui met les enfants au lit. Dans l'atmosphère austère de cette demeure, il est un rayon de soleil qui a su garder sa liberté de parole. « Mme Kelly, témoignera-t-il, a de l'argent à jeter par les fenêtres, mais elle n'aime pas les courants d'air. »

Pour Grace, il sera comme un père de substitution, l'homme avec qui elle noue des rapports vraiment complices. L'été, quand la famille prend la direction d'Ocean City, sur la côte atlantique, où elle possède une jolie maison blanche avec vue sur la mer, elle ne part pas dans la voiture familiale : elle insiste pour monter dans la vieille camionnette conduite par Fordie, qui transporte les bagages. Sur la route, c'est la liberté : ils chantent, ils rient, ils se racontent des histoires. Parfois, il lui cède le volant – c'est lui qui apprendra la conduite à tous les enfants.

De petite taille, toujours de bonne humeur, Fordie a une particularité : il est noir. Issu des quartiers les plus pauvres de Philadelphie, il passera toute sa vie au service des Kelly et Grace restera en contact avec lui jusqu'à sa mort. De cette relation privilégiée, elle conservera un rejet absolu du racisme. Lorsque, au début des années 1960, une équipe de télévision américaine viendra l'interviewer au palais de Monaco, le journaliste exigera que soient séparés les enfants noirs et les enfants blancs du personnel, qui jouent à l'arrière-plan. « Notre émission doit être diffusée dans le sud des États-Unis, se justifiera-t-il, cela provoquerait un scandale. ». Refus catégorique de Grace, qui obtiendra gain de cause…

À douze ans, Grace entre à la Stevens School, un établissement laïc destiné aux « jeunes demoiselles qui veulent construire un foyer idéal et l'administrer efficacement ». S'ils vont à la messe le dimanche, les Kelly n'ont rien de grenouilles de bénitier. Margaret se gausse du concept de la virginité perpétuelle de Marie. Toute son éducation religieuse, Grace la devra aux sœurs de l'Assomption : huit années qui la marqueront à jamais, creuset de son itinéraire spirituel. Aux yeux de Jack, ces religieuses n'ont qu'un défaut : elles ne dispensent pas un enseignement sportif suffisamment poussé.

À cette époque, Grace est une enfant introvertie et solitaire, rêveuse, presque mélancolique, repliée sur son monde intérieur. Elle s'est mise à la natation mais préfère les activités artistiques, surtout la danse classique, qui va forger son maintien. Un temps, elle songe même à devenir ballerine. Dans cette famille où l'on a le culte du corps plus que de l'esprit, elle lit, va au cinéma, écrit des poèmes :

Petite fleur, c'est toi qui as de la chance
Tu baignes dans le soleil adorable
Tu te dresses et le regardes passer
Sans sourciller une seule fois
Tandis que d'autres doivent résister et lutter
Contre le monde et la douleur de vivre...

À la même époque, elle devient *pink girl*, une sorte de jeune fille de charité. Depuis Pearl Harbor, l'Amérique est entrée en guerre et les hôpitaux de la région accueillent leur lot de blessés. Elle fait partie des volontaires qui jouent les aides-soignantes d'appoint : elle porte les plateaux-repas aux malades. Grace est une jeune fille de bonne famille sous tous rapports : elle est même présidente du comité d'élégance et de bonne conduite de son école.

À quatorze ans, elle mesure déjà 1,67 mètre. La gamine gauche, fragile, presque fade, a laissé place à une ado qui prend de plus en plus confiance en elle-même. Ses yeux bleus, sa blondeur, sa peau soyeuse et son allure gracieuse ne tardent pas à faire des ravages. Ce n'est pas encore l'Amérique d'*American Graffiti*, insouciante, frivole, mais celle des années 1940, autrement plus sage, engoncée dans son conformisme, pour ne pas dire son puritanisme. Mais la famille Kelly ne tient pas ses enfants sous cloche : Grace ne va pas tarder à conjuguer à la première personne du singulier *to have a date*, cette expression qui signifie à la fois « avoir rendez-vous » et « sortir avec un garçon ».

— Les hommes ont commencé à demander la main de ma fille quand elle avait à peine quinze ans, déclarera sa mère à un journaliste au moment de son mariage.

Grace plaît et elle aime plaire. Séduire, pour elle, c'est poursuivre la quête de l'amour paternel qu'elle n'a pu obtenir. Ses premiers battements de cœur, elle les connaîtra avec un jeune homme de trois ans son aîné, Harper Davis, un camarade de classe de Kell. Plusieurs mois durant, elle remplit son *scrapbook* de souvenirs de leurs rencontres, comme autant de talismans. Au milieu des tickets de cinéma, des morceaux de nappes et des chewing-gums, elle scotche les petits mots de son soupirant, comme ce « *To Grace, with love* » accompagnant le parfum qu'il lui a offert pour Noël.

Harper n'est pas un garçon comme les autres. Il est doux, romantique et rêveur. Il lui apporte cette tendresse dont elle a toujours manqué, mais il a un défaut : il n'est que le fils d'un concessionnaire Buick. Or les Kelly ont d'autres ambitions pour leur progéniture : pas question de marier leur fille à un vendeur de bagnoles ! Ils prient donc Grace de rompre, ce qu'elle accepte de faire avec docilité. Mais elle gardera toujours une infinie tendresse pour son premier amour, à qui elle rendra régulièrement visite lorsque, au retour de la guerre, on lui diagnostiquera une sclérose en plaques. Elle assistera à son enterrement en 1953.

Durant l'été 1944, celui de ses quinze ans, Grace en pince pour un grand gaillard de deux ans son aîné, maître nageur à l'Ocean City Beach Patrol. Bill D'Arcy, fils d'un riche plâtrier, vient la chercher chez elle au volant d'une Packard convertible. Ils flirtent sous la capote : si la voiture est grande comme une chambre à coucher, n'est-ce pas pour en profiter? Leur romance durera un peu plus d'un an. Ensuite, elle s'éprendra de Dick Boccelli, qui jouait au basket avec son frère et deviendra batteur de Bill Haley and The Comets. Autant de relations toujours chastes – les jeunes filles n'ont pas encore accès à la pilule –, mais qui la rassurent sur elle-même : oui, elle attise le désir. Toujours tirée à quatre épingles, ravissante, attentionnée, Grace s'impose comme un excellent parti, convoité de toutes parts. À l'inverse de son enfance, son adolescence est rayonnante.

En juin 1947, Grace obtient son diplôme à la Stevens School. Dans l'almanach de l'école, elle est décrite comme « une des beautés de notre classe. Pleine de fantaisie et toujours prête à rire, elle n'éprouve aucun mal à se faire des amies ». On y apprend qu'elle raffole des milk-shakes au chocolat, que ses acteurs favoris sont Ingrid Bergman et Joseph Cotten et que son orchestre préféré est celui de Benny Goodman.

Durant l'été, elle effectue son premier voyage en Europe : elle accompagne sa famille en Angleterre. Kell doit en effet participer à la régate d'aviron de Henley : depuis des années, Jack l'a programmé pour qu'il prenne sa revanche par procuration. Et il l'emporte. Jack est rassuré : de père en fils, les Kelly sont des *winners* ! Plus tard, Kell reprendra l'entreprise familiale et sera élu au conseil municipal de Philadelphie, où Jack avait échoué de quelques voix en 1935. Il deviendra également président du Comité olympique américain. La grande artère qui borde la Schuylkill River, à Philadelphie, porte aujourd'hui son nom. Sa vie personnelle, en revanche, sera un désastre. D'une infidélité compulsive, comme son père, il finira, après la mort de celui-ci, par plaquer femme et enfants pour mener une existence de patachon, avant de s'afficher avec Rachel Harlow, patronne d'une discothèque ayant changé de sexe après une intervention chirurgicale. Une provocation en forme de libération pour celui qui répète alors à qui veut l'entendre :

— Mon vieux m'a mené une vie d'enfer…

*

Cet été-là, Jack est inquiet des projets de sa fille : ses mauvais résultats en mathématiques lui ferment la porte de l'université. Or, pour lui, dans le monde moderne, le secret de la réussite se trouve dans les études.

Grace, elle, est plutôt soulagée. L'université, elle n'a aucune envie d'y entrer…

2

Rebelle

C'est durant sa scolarité à la Ravenhill Academy que Grace Kelly monte sur les planches pour la première fois. Lors d'un spectacle de fin d'année, elle incarne un ange chargé de veiller sur Jésus. Toute sa famille est estomaquée par son aisance – même Jack. La gamine effacée à laquelle personne ne prêtait attention capte tous les regards.

À la Stevens School, elle s'inscrit au club d'art dramatique et fait un tabac dans le rôle de Peter Pan. Le théâtre est devenu sa vraie passion. À douze ans, elle n'hésite pas à se faire passer pour une jeune fille de quatorze, afin de décrocher un engagement à l'Old Academy Players d'East Falls. Mieux, sa prestation lui vaut d'être saluée par l'un des critiques locaux : « Mlle Kelly a passé avec splendeur son baptême du feu de la rampe. »

Plus elle grandit, plus Grace se consacre à son hobby, avec un succès toujours croissant. Mais jamais Jack Kelly n'aurait imaginé que sa fille lui annoncerait souhaiter en faire son métier. Lui aurait-elle confié sa volonté de devenir rempailleuse qu'il n'aurait pas été plus surpris ! Une profession aussi aléatoire n'a rien qui puisse séduire cet homme de la race des bâtisseurs.

Obsédé par la réussite, incarnation de l'Amérique prospère, il n'a jamais aimé que les choses tangibles. Tout ce qui est artistique lui est étranger.

Pourtant, le nom des Kelly s'est déjà illustré au fronton des théâtres, en la personne de deux de ses frères. Walter, d'abord. Il a enregistré plusieurs disques, joué à Broadway et tourné une demi-douzaine de films. Ses sketches lui ont valu une forte notoriété, à défaut de l'admiration de sa famille qui a toujours été gênée par leur populisme, pour ne pas dire leur racisme. Pour Walter, les Noirs sont des *niggers*, forcément bêtes, fainéants et incultes. Grace l'a peu connu : il est mort lorsqu'elle avait dix ans, renversé par un camion à Los Angeles. En revanche, elle a toujours été proche de George Kelly, son oncle et son parrain. Ancien acteur, ce brillant esprit s'est lancé dans l'écriture et a obtenu le prix Pulitzer de théâtre en 1926 – la même année que le romancier Sinclair Lewis – pour *The Craig's Wife*. Adaptée au cinéma sous le titre *Perfide*, avec Joan Crawford, cette pièce conte l'histoire d'une femme qui met toute son énergie dans la réussite de son foyer familial – comment ne pas y voir, en creux, un portrait de Margaret ? Happé par Hollywood, où il collaborera avec la MGM, George reviendra au théâtre comme auteur et metteur en scène.

— On peut rester toute la nuit à l'écouter, dira Grace dans une de ses premières interviews. Il est l'homme le plus merveilleux et le plus intelligent que j'aie jamais rencontré.

De deux ans plus âgé que son frère Jack, dont il est l'opposé, George Kelly n'hésite pas à le contredire lors des réunions familiales. Chacune de ses visites à Philadelphie est un bonheur pour Grace. Sensible, fin, cultivé, ouvert d'esprit, il vient accompagné de son fidèle « secrétaire » William Weagley – en fait, son amant, mais, dans l'Amérique de cette époque, l'heure n'est pas au *coming out* : on dissimule son homosexualité, même si c'est un secret de polichinelle.

George n'a jamais cessé d'encourager la vocation de comédienne de sa filleule, qui finit par obtenir le feu vert paternel pour passer l'examen d'entrée de l'American Academy of Dramatic Arts de New York. La meilleure école de théâtre de la Côte est a vu passer Lauren Bacall, Kirk Douglas, Spencer Tracy et Gene Tierney (l'Actors Studio ne sera créé qu'au début des années 1950). Les inscriptions sont déjà closes, mais ses liens de parenté avec George Kelly persuadent le directeur de lui donner sa chance. Grace ne la laisse pas passer : le 20 août 1947, elle convainc les examinateurs en interprétant un texte de son oncle. Sur sa fiche, leurs appréciations sont positives : « Personnalité : bonne ; présence sur scène : très bonne ; instinct dramatique : réel ; imagination : indéniable. » Seule réserve, sa voix, « trop nasale et mal placée ».

Jack cède. Il financera ses études théâtrales… avec le secret espoir qu'elle revienne à Philadelphie après avoir échoué. Il a toujours pensé que seule Peggy pouvait réussir.

— C'était la plus douée de mes filles[1], dira-t-il un jour.

*

1. Pete Martin, « The Luckiest Girl in Hollywood », *The Saturday Evening Post*, 30 octobre 1954.

Par l'Interstate 65, quatre-vingt-dix-neuf miles séparent Philadelphie de New York. À peine plus de cent cinquante kilomètres. Mais Grace n'a même pas fêté son dix-huitième anniversaire : sa mère est inquiète de savoir sa fille seule dans la ville de toutes les tentations et de tous les vices. Manhattan est depuis toujours une gigantesque centrifugeuse qui brasse les hommes de pouvoir et les truands, les financiers et les escrocs, les artistes et les putes, les journalistes et les étudiants, les Blancs, les Noirs, les ritals, les Irlandais, les Chinois. Tout y est possible, même le pire.

Truman Capote disait : « Lorsqu'on y arrive, on se met en quête d'un lieu pour se cacher à soi-même ; pour se perdre ou se découvrir ; pour faire un rêve où l'on se prouverait que peut-être, après tout, on n'est pas un vilain petit canard, mais un être digne d'amour. » Pour Grace, une solution s'impose : loger à l'hôtel Barbizon, à l'angle de Lexington Avenue et de la 63e Rue. Un établissement typique de l'époque, *women only* – de même que, dans le Sud, existent encore des lieux *white only* –, une sorte d'internat pour jeunes filles de bonne famille venues faire carrière à Big Apple sans pour autant sacrifier leur innocence. « C'était l'un des rares endroits de Ghomorre-sur-Hudson où une fille pouvait s'endormir avec toute sa vertu et se réveiller le lendemain certaine de l'avoir conservée », commentera le magazine *Vanity Fair*.

Pour habiter ce bâtiment de brique couleur saumon à l'architecture composite – gothique, orientale et Renaissance italienne –, il faut avoir présenté trois lettres de recommandation. Le règlement intérieur est des plus stricts : code vestimentaire obligatoire, pas d'alcool et accès interdit aux hommes au-delà du hall d'entrée. Les parents peuvent exiger de leurs filles qu'elles signent le registre à chaque fois qu'elles entrent et sortent. Le confort des chambres est assez spartiate – toutes n'ont pas un cabinet de toilette –, mais l'hôtel dispose d'équipements variés : piscine, salle de gym, bibliothèque, salon de musique, salle à manger avec collation gratuite. Pour 12 dollars par semaine – une petite fortune pour l'époque –, les parents peuvent dormir tranquilles. Décor de la mythique *Cloche de détresse*, le roman de Sylvia Plath, le Barbizon ne deviendra mixte qu'en... 1981.

Tailleur en tweed, chapeau à voilette, chaussures plates, Grace reste à l'écart des autres pensionnaires qui la croisent souvent, lunettes sur le nez, en train de lire. Sa bonne éducation fait d'elle une jeune fille plus réservée que distante, inaccessible sans pour autant être bêcheuse. En fait, elle cache bien son jeu. Vivre à Manhattan n'est pas seulement une manière de se donner les moyens de réaliser son rêve de comédienne, c'est aussi une manière de s'arracher au carcan familial pour vivre ses propres expériences.

— Je me suis rebellée contre ma famille et je suis partie à New York pour savoir qui j'étais... et qui je n'étais pas, dira-t-elle.

Toute sa complexité est là : sous la glace, c'est déjà le feu. Ceux qui l'ont connue à cette époque en témoignent : la jeune fille sage ne l'était pas autant que cela. Son apparente timidité la pousse à rester en retrait en public, mais elle peut se montrer nettement moins réservée en privé. Au Barbizon, elle n'a pas besoin de se faire prier pour exécuter des imitations ou reprendre des chorégraphies de Fred Astaire en petite tenue dans les couloirs. Plus risqué : elle n'hésitera pas à faire entrer dans l'hôtel son premier *boyfriend* new-yorkais, Herb Miller, rencontré aux cours de théâtre.

— Nous étions très jeunes, très fougueux, témoignera-t-il, et nous avions une relation physique ardente, presque trop. Il y avait un salon au treizième étage où Grace m'emmenait. Nous flirtions terriblement…

Lors d'un week-end à la campagne, Herb lui présente un photographe du magazine féminin *Redbook*, pour lequel il a déjà posé. Quelques jours plus tard, celui-ci la rappelle pour lui offrir… la couverture. Grace profite alors de ses après-midi libres pour entamer une carrière de mannequin. Une manière pour elle d'acquérir son indépendance financière : ses parents sont prêts à financer ses études, mais elle tient à ne pas dépendre d'eux – toujours cette stratégie de rupture en douceur, mais de rupture tout de même. Ne plus avoir besoin de leur aide, c'est aussi leur prouver la pertinence de son choix : elle peut subvenir à ses besoins sans pour autant tirer le diable par la queue.

En quelques mois, elle pose pour les plus grands magazines. Elle n'a pas un physique de top model – pas assez de seins –, ce qui la privera des journaux de mode haut de gamme, mais sa photogénie est exceptionnelle : la lumière met en valeur le teint clair de sa peau, le bleu de ses yeux, la douceur et la vivacité de son regard, l'ovale de son visage et le brillant de ses cheveux, qu'elle porte de plus en plus souvent dénoués.

À l'American Academy of Dramatic Arts, dont les cours se déroulent dans les étages du prestigieux Carnegie Hall, à dix minutes à pied du Barbizon, Grace s'est empressée de corriger sa voix et de gommer son accent de Philadelphie. Bûcheuse comme à l'accoutumée, elle en fera presque trop, à tel point qu'on pourrait la croire sortie d'Oxford. Ses sœurs le lui reprocheront un jour, sur le mode sarcastique.

— Si je parle ainsi, leur répliquera-t-elle sèchement, c'est que mon métier l'exige.

Ce travail sur sa voix lui permettra de ne pas rater la révolution qui s'apprête à déferler sur l'Amérique : l'avènement de la télévision. Au cours de la guerre, six stations alimentaient dix mille récepteurs. Le tube cathodique, enfermé dans un caisson de bakélite, a du mal à démarrer. Mais de 1946 à 1947, le nombre de foyers disposant d'un poste passe de 0,5 % à 35 %, alors que le nombre de stations passe à une centaine. Un mode de financement s'est imposé de lui-même : la publicité, sur le modèle des radios qui déversent alors de la country et du jazz sur tout le pays. Il fonctionne d'autant mieux que l'horizon économique est dégagé : depuis la fin de la guerre, on consomme à tout-va. Le pouvoir d'achat ne cesse de s'accroître, la prospérité est au rendez-vous, même si la guerre froide menace. La femme n'est plus seulement censée élever ses enfants avec frugalité, dans l'ombre de son mari ; elle est à la recherche de féminité.

« N'oubliez jamais que vous êtes épouse avant tout », tel est le mot d'ordre lancé par la styliste américaine Anne Fogarty. La mode et l'industrie cosmétique sont en plein essor. Les femmes entendent profiter de toutes les inventions susceptibles de leur faciliter l'existence – robots mixeurs, aspirateurs, machines à laver et autres réfrigérateurs – afin d'avoir le temps de gagner leur vie. C'est la grande époque des secrétaires, des dactylos et des sténos – Grace posera, d'ailleurs, pour une campagne publicitaire, devant le dernier modèle de machine à écrire de Remington.

Pour réaliser les *commercials* (réclames), qui n'ont pas encore la créativité des *advertisements* (publicités), il faut des actrices. Une aubaine pour Grace. Dans ces années pré-*Mad Men*, elle est l'incarnation de l'Américaine idéale. Belle sans être trop sexy. Classe sans être trop sophistiquée. Pimpante sans être trop insouciante. Dans son premier spot, elle court dans une pièce en vidant une bombe insecticide, un sourire béat aux lèvres. Par la suite, elle vante le rouge à lèvres Max Factor, le shampoing Luster Creme, les savons Lux, le dentifrice et les crèmes de beauté Ipana – tous produits censés faire le bonheur de la « ménagère ».

— Pour les photos, ça allait encore, jugera-t-elle. Mais, dans les réclames pour la télévision, j'étais… horrible. Je crois que tous ceux qui me voyaient secouer du doigt une cigarette Old Gold pour en faire tomber la cendre avaient immédiatement envie de fumer des Camel !

N'empêche, on ne cesse de la demander. Représentée par l'agence John Robert Powers – pour laquelle a jadis travaillé sa mère –, elle voit sa cote monter en flèche. Bientôt, elle gagne 400 dollars par semaine, une petite fortune pour l'époque.

*

À l'American Academy of Dramatic Arts de New York, Grace est une élève des plus studieuses. Ponctuelle, toujours prête à donner la réplique, elle connaît son texte sur le bout des doigts. Dès avril, on lui annonce qu'elle passera dans la classe supérieure à la rentrée suivante. Cette fois, les élèves vont constituer une troupe qui travaillera plusieurs pièces ; en point d'orgue, une série de représentations au Carnegie Hall en fin d'année.

Ses camarades de cours la surnomment Queennie («petite reine»). Elle va trouver son roi en la personne d'un de ses professeurs, Don Richardson. Marié mais séparé de sa femme, il n'a pas la réputation de séduire ses élèves. Entre Grace et lui, la magie va pourtant opérer. Il est touché par cette jeune fille qui «semblait très fragile et mal dans sa peau», ainsi qu'il le dira. Elle est attirée par cet homme, de neuf ans son aîné, qui la rassure et la sécurise. Pour elle, Richardson est l'amant, l'ami, le Pygmalion, mais aussi le père qu'elle a toujours cherché. Avec un brin de légèreté et d'insouciance en plus.

— En privé, elle n'avait rien d'une nonne, commentera celui-ci. Elle aimait danser, pour moi, au rythme d'une musique hawaïenne. Elle était vraiment très sensuelle[1].

Grace est amoureuse et cela se voit. Un week-end où elle rend visite à ses parents, sa mère remarque son air rêveur et mélancolique.

— Il y a un homme, n'est-ce pas?

En effet. Grace pense même au mariage, mais Don n'est pas emballé. Le moment des présentations ne saurait plus tarder. Il va tourner au fiasco. Jack n'a aucune envie que sa fille épouse un saltimbanque, qui plus est divorcé… et juif. Le week-end que les deux tourtereaux passent à Philadelphie a des allures de guet-apens: Jack a demandé à Kell, son fils, de venir accompagné de deux copains sportifs rouleurs de mécaniques. Entre

1. Cité par James Spada, *Les Vies secrètes d'une princesse*, JC Lattès, 1988.

deux imitations de l'accent yiddish, la conversation tourne autour des derniers résultats sportifs. Entre Don, l'intellectuel personnifiant la sophistication new-yorkaise, et Jack, l'entrepreneur de maçonnerie symbolisant le matérialisme américain, le malaise est patent.

— Que donnent les cours de Grace ? demande sa mère.

— Elle deviendra une star de premier plan, répond Don.

— Oh ! ce n'est qu'une toquade, réplique Margaret. Ça lui passera.

Et d'ajouter à l'attention de son mari qui n'écoutait pas :

— Ce jeune homme dit que Grace va devenir une star...

— Balivernes ! lâche Jack.

Le lendemain, tandis que Don rentre à New York, Grace est sommée de rester à Philadelphie. Dans une lettre à son amie Prudy Wise, autre pensionnaire du Barbizon, elle raconte son tête-à-tête avec ses parents :

> *Ils m'ont fait asseoir dans la chambre de ma mère, toutes portes fermées. Mon père a dit qu'il voulait me poser quelques questions franches et recevoir des réponses franches. D'emblée, il m'a demandé si j'étais mariée ! Cela m'a rendu folle, alors j'ai répliqué : « Tu ne crois pas que j'ai pour vous assez d'amour et de respect pour ne pas faire une telle chose ? »*
>
> *Ils détestent profondément Don. J'ai pleuré et ma tête est encore embrumée. Ma mère n'arrêtait pas de dire : « Qu'est-ce que tu peux bien aimer chez cet homme ? » Puis elle a sorti qu'il était marié et demandait le divorce à sa femme. Elle pensait que ça me monterait contre lui ; elle a été surprise quand je*

lui ai dit que j'étais au courant. Pendant ce temps, mon père sortait de ses gonds. Ça couronnait le tout. Ils m'ont mise hors de moi. Et ça continuait. Pour finir par m'asséner que je devais rentrer à la maison.

Le matin suivant, j'étais prête à partir de bonne heure, mais ma mère a dit que je ne partirais pas. Si tu penses m'avoir déjà vue bouleversée, tu aurais dû me voir du dimanche soir au mardi matin. J'ai trop pleuré. Les larmes ne venaient plus. L'enfer ne peut être bien pire que ce que j'ai traversé[1].

Grace refusant d'obtempérer, Jack Kelly se fendra d'un voyage à New York pour rencontrer Don.

— Parlons franchement, monsieur Richardson. Est-ce qu'une Jag vous ferait plaisir? Choisissez la couleur!

Offusqué qu'on lui propose d'échanger Grace contre une voiture, Don repousse l'offre. Quelques jours plus tard, un homme le menace physiquement au téléphone. Il n'en dit rien à sa fiancée, qui ne supporte pas de l'entendre critiquer sa famille. Si Grace n'hésite pas à entrer en conflit avec les siens, elle se refuse toutefois à couper les ponts. Désobéir, oui; trancher le cordon ombilical, non.

Grace a toujours été esclave de ses contradictions. Mais, au fond d'elle-même, le désastreux week-end à Philadelphie marque un tournant. Un moment clé de sa révolte. Jusque-là, elle voulait s'épanouir. Désormais, elle doit réussir à tout prix.

Quitte à devenir froide comme une lame. À jeter aux oubliettes les règles morales qu'on lui a inculquées.

---

1. *Paris Match*, 24 mars 1994. Les héritiers de Prudy Wise ont vendu ses lettres à Terry Kinsella, qui les a ensuite mises en vente.

3

Tentations

Princesse? Elle n'y a jamais pensé – sauf pour un rôle. Son destin va pourtant la rattraper lors d'un épisode qui apparaît, avec le recul, comme une répétition générale.

Fils du richissime Aga Khan, chef de file des ismaéliens, une communauté religieuse de quinze millions d'âmes vivant principalement en Inde, le prince Ali Khan est alors un des play-boys les plus en vue de la jet-set. Mèche en bataille, cravate chiffonnée, look bohème chic, son allure désinvolte alliée à son regard mélancolique a le pouvoir de faire fondre toutes celles qu'il convoite. Pour les retenir, il a un autre atout : on le dit maître dans l'art de se retenir pour donner du plaisir à sa partenaire pendant des heures…

Grace le rencontre au Waldorf Astoria, le palace new-yorkais où elle a ses entrées, bien décidée à rencontrer des personnalités qui puissent lui servir de tremplin. Il l'invite à dîner et lui offre un étui à cigarettes paré d'une émeraude. Ils ne se contenteront pas de souper : Grace montrera à Don Richardson le bracelet en or garni d'émeraudes dont Ali Khan lui a fait présent. Pour avoir connu des jeunes filles qui en ont reçu après avoir succombé à la tentation, Don en comprend aussitôt la signification et, de colère, le jette dans l'aquarium…

Ali Khan épousera quelques mois plus tard Rita Hayworth, qu'il a rencontrée à Cannes l'été précédent. Lassée des infidélités de son hédoniste de mari, coureur compulsif, la star de *Gilda* demandera le divorce quatre ans plus tard. Grace confiera à l'un de ses amis que le prince l'avait demandée en mariage, mais qu'elle avait refusé. Vrai ? Faux ? Une chose est sûre : à ce moment, elle ne pense qu'à réussir sur scène, avec une détermination que ne désavouerait pas son père. En contractant un beau mariage, elle n'aurait fait que donner raison à ses parents, qui ne rêvent meilleur destin pour elle.

À sa sortie de l'American Academy of Dramatic Arts, Grace est choisie pour interpréter *Les Porte-flambeaux*, une pièce de son oncle George à New Hope, en Pennsylvanie. Elle espace désormais ses rendez-vous avec Don Richardson, consciente que leur histoire ne mènerait à rien, mais ils restent en contact. Il sera l'un des premiers qu'elle appellera quelques années plus tard, après avoir reçu un Oscar, pour le remercier de ce qu'il a fait pour elle.

Un temps, elle se console avec le champion de tennis Sidney Wood.

— Jeune femme, analysera-t-elle, je tombais toujours amoureuse d'hommes qui me donnaient plus que je donnais moi-même en retour. Jeunes, nous avons besoin de cet égoïsme. Nous avons besoin des autres pour emplir notre psychisme et notre âme[1].

---

1. Interview de Bill Peper citée par Randy Taraborelli in *Grace et Rainier, le Rocher des illusions*, Michel Lafon, 2004.

À l'automne, elle quitte le Barbizon pour s'installer dans un deux pièces au neuvième étage de Manhattan House, une grande résidence avec double entrée et jardin intérieur, située au 200 de la 66e Rue, dans l'Upper East Side – le « district des bas de soie », comme on le surnomme parfois. L'immeuble, d'architecture moderniste avec sa façade aux arêtes vives, vient d'être construit avec des briques fournies par l'entreprise de Jack. La décoration est fonctionnelle et sobre : le mobilier a été récupéré dans un garde-meubles familial.

*

Pour ses débuts à Broadway, Grace est engagée dans une nouvelle version du *Père*, l'un des chefs-d'œuvre d'August Strindberg. L'acteur et metteur en scène Raymond Massey, l'une des figures de la scène new-yorkaise, l'a choisie après avoir auditionné une trentaine de jeunes comédiennes. Par coquetterie, Grace affirmera avoir été choisie parce qu'elle était aussi grande que les autres acteurs. Sa taille, 1,73 mètre, l'a toujours complexée. Pendant des années, elle passera ses auditions… pieds nus.

— Je suis restée longtemps dans la catégorie des « trop », commentera-t-elle. Trop grande, trop de jambes, trop de menton[1].

En réalité, elle a mis toute sa sensibilité à convaincre le metteur en scène. La pièce résonne en effet comme un écho à sa propre vie. Elle met en scène un homme et une femme qui se disputent l'avenir de leur fille, la mère voulant la modeler à sa propre image. « Je veux

1. Donald Spoto, *Grace Kelly*, Presses de la Cité, 2009.

être moi-même ! », finit par s'écrier le personnage interprété par Grace – une véritable profession de foi.

Raymond Massey ne cachera pas son enthousiasme :

— Nous avons été frappés par son ardeur, son professionnalisme et sa distinction. Elle était organisée et dévouée. Il est rare de voir une jeune femme aussi impatiente d'apprendre et de progresser[1].

Ses parents assisteront à l'une des premières représentations. À cette occasion, Jack passe la soirée à parler avec Raymond Massey. Pas de sa fille, mais d'aviron, le comédien ayant longtemps ramé sous les couleurs de Toronto… Si le spectacle quitte rapidement l'affiche, la critique a eu le temps de la repérer : « Une interprétation charmante et subtile de la fille au cœur brisé », note le critique du *New York Times.*

Pour ses vingt ans, elle ne pouvait rêver mieux.

*

Un autre prince va entrer dans sa vie – et en sortir presque aussitôt.

En novembre 1949, Mohamed Reza Pahlavi, le shah d'Iran, est en visite à New York après avoir rencontré le président Truman à Washington. Lorsqu'il a accédé au pouvoir, en 1941, il n'avait que vingt-deux ans. Son inexpérience ne l'a pas empêché d'acquérir, en quelques années, une véritable crédibilité sur la scène internationale. Entre guerre froide et explosion de la consommation de pétrole, le jeune monarque est au centre de la géostratégie mondiale.

---

1. Budd Schulberg, « The Other Princess Grace », *Ladies' Home Journal*, 1977.

Depuis sa séparation d'avec sa première épouse, Faouzia d'Égypte, sœur du roi Farouk, qui n'a jamais réussi à s'adapter à la cour de Téhéran, le shah se morfond dans son célibat. Descendu sur Park Avenue au Waldorf, premier palace au monde à avoir proposé un *room service*, il est présenté à Grace. Coup de foudre réciproque. Il a trente ans et cache, derrière l'austérité de ses épais sourcils qui lui donnent un air ténébreux, une élégance naturelle qui la séduit et l'éblouit. Il incarne cette figure paternelle après laquelle elle court depuis des années. Tous les soirs, ils sont de sortie, souvent jusqu'à 3 ou 4 heures, épuisant les gardes du corps du souverain. De réceptions en soupers, Grace lui fait découvrir les *lounges* et autres night-clubs à la mode, tels le Storck, repaire du Tout-New York, ou El Morocco, avec son fameux décor zébré de bleu. Les deux amants ne se cachent pas, au contraire, car le divorce du shah vient d'être officiellement prononcé. Un soir, Grace l'accompagne à l'opéra ; toute la salle se lève à leur arrivée.

En bon prince oriental, le monarque ne tarde pas à lui offrir des bijoux griffés Van Cleef & Arpels : un bracelet en or décoré d'un entrelacs de perles et de diamants, une minaudière en or au fermoir orné de trente-deux diamants et une broche en forme de cage renfermant un oiseau en diamants et saphirs. Mais ses obligations l'appellent dans son pays : il doit quitter New York, promettant de revenir au plus vite. Hélas, la presse n'a pas tardé à éventer les coulisses du séjour new-yorkais du shah, évoquant même les présents offerts à Grace. Apprenant la nouvelle par les journaux, sa mère débarque aussitôt de Philadelphie :

— Tu vas rendre tout cela !

— Je ne peux pas. On ne peut rien refuser à un souverain.

Les parents de Grace ne peuvent accepter que leur fille poursuive cette romance avec le monarque iranien, malgré son pouvoir et son prestige. Hors de question qu'elle devienne impératrice d'Iran ! Sans doute ont-ils compris qu'un mariage impliquerait sa conversion à l'islam, chose pour eux inconcevable.

Grace Kelly refusera donc la demande en mariage du shah d'Iran, qui se fiancera quelques mois plus tard avec Soraya Esfandiari Bakhtiari. Mais elle gardera les bijoux jusqu'à son mariage avec le prince Rainier de Monaco : la veille des noces, elle les offrira à ses demoiselles d'honneur, comme pour effacer cet épisode de sa vie et nier son passé amoureux, avant de se vouer à un homme. Avant la tiare, la gomme…

En octobre 1971, Grace se rendra à Téhéran pour assister aux festivités des deux mille cinq cents ans de l'Empire perse : à cette occasion, elle accompagne Rainier, l'un des soixante chefs d'État invités. Il s'en est fallu de peu qu'elle ne soit la reine de la cérémonie…

4

Accélération

On peut avoir fait des débuts salués par la critique à Broadway et se retrouver sans contrat : c'est ce qui arrive à Grace après avoir joué dans *Le Père*. Heureusement, grâce à ses activités de mannequin, elle n'a aucune difficulté à payer son loyer.

La voici donc qui court les auditions, ce qu'elle trouve « humiliant ». D'autant que, jusque-là, tout est allé très vite. Elle doit affronter les metteurs en scène qui s'intéressent un peu trop à elle, pas nécessairement pour les bonnes raisons, et qui se croient tout permis. Une fois, c'est un cul-de-jatte qui tente de la violer…

L'essor du petit écran va lui donner un nouveau coup de pouce. La télévision est en train de s'inventer. Pour nourrir leurs programmes, les différentes chaînes viennent de lancer un genre qui marque les débuts de la fiction cathodique : la dramatique en direct. La plupart étant localisées à New York et non à Los Angeles, « La Mecque du cinéma », c'est dans les théâtres de Manhattan qu'elles puisent les talents dont elles ont besoin. Il en naîtra touteune génération de réalisateurs (Sidney Lumet), de scénaristes (Paddy Chayevsky) ou d'acteurs (Paul Newman, Anthony Perkins, Walter Matthau, Eva

Marie Saint, etc.) qui ne tarderont pas à être récupérés par Hollywood.

La petite lucarne est en train de prendre une place prépondérante dans les foyers américains. Grace Kelly participe à dix-huit dramatiques en 1950, trois en 1951, quinze en 1952, trois en 1953 et une seule en 1954, soit un total de quarante et une, si l'on compte une première prestation fin 1948. De brèves apparitions au début, ses rôles ne cessent de s'étoffer. Une manne financière, mais aussi une formidable école : les répétitions étant limitées au strict minimum, il faut apprendre son texte en quelques jours, mémoriser les emplacements en quelques heures, ne pas se prendre les pieds dans les câbles qui traînent et gérer l'impondérable sans perdre son sang-froid.

— On avait l'impression de travailler au bord d'un précipice, se souviendra-t-elle. Je n'oublierai jamais le jour où j'ai tourné cette scène de lit tout habillée sous la couverture, en prévision de la scène suivante. La caméra n'a pas bougé à temps et on m'a vue sortir des draps avec mes vêtements !

Entrée dans la catégorie des acteurs sur lesquels on peut compter, réputée pour son sérieux et sa modestie, Grace acquiert du métier. Seul le réalisateur Sidney Lumet émet un bémol :

— Il lui manque un fourneau dans le ventre…

Sa notoriété grandit : le *Philadelphia Inquirer* lui consacre une interview, sous le titre « La belle blonde d'Henry Avenue ». Même la presse nationale s'intéresse à elle : elle figure dans un reportage de *Life* sur les nouvelles vedettes du petit écran, photographiée en chanteuse de music-hall, avec collant noir à résilles.

— À New York, commente-elle, je suis une fille comme les autres. Je prends le métro comme les autres.

Je mange dans les drugstores. Je lave mon linge moi-même dans le lavabo…

*

Jamais elle n'a rêvé de cinéma.

Jamais elle n'a rêvé de Hollywood.

Elle s'est toujours vue comme une actrice de théâtre. Sur la Côte est, plus collet monté, Los Angeles a toujours été considérée comme le comble de la vulgarité. Son oncle George, qui s'y est cassé les dents, l'a toujours incitée à préférer la scène au grand écran et ne lui a jamais caché sa haine des studios, de leurs patrons tyranniques, de leurs pratiques douteuses, de leurs contrats léonins.

Mais lors des représentations du *Père*, elle a été repérée par Edith L. Van Cleve, l'une des plus influentes «chasseuses de talents» de Manhattan. Les deux femmes s'entendent à merveille. Ancienne comédienne, Edith est comme elle issue d'une bonne famille. Agent de Marlon Brando jusqu'au départ de celui-ci pour la Côte ouest, elle va permettre à Grace de faire ses débuts sur grand écran : deux jours de tournage dans *Quatorze Heures*, pour un cachet de 500 dollars. Le film est l'adaptation d'un fait divers : en 1938, un homme s'était installé sur une corniche au seizième étage de l'hôtel Gotham, à New York, en menaçant de se suicider. Sa sœur, des amis, des médecins et les pompiers avaient tenté de le dissuader ; au bout de quelques heures, il s'était jeté dans le vide, sous les caméras des actualités filmées.

Lorsqu'elle reçoit le plan de tournage, Grace est en week-end à Philadelphie. Sa mère s'inquiète. Divorces, tromperies, avortements : pour elle, Hollywood, c'est le royaume du diable.

— Nous apprécierons grandement de savoir ta sœur à tes côtés, tranche-t-elle.

Peggy étant occupée, c'est Lizanne, alors âgée de dix-sept ans, qui sera son chaperon. Ensemble, elles débarquent quelques jours plus tard à l'hôtel Beverly Hills, sur Sunset Boulevard, où le studio lui a réservé une suite.

Le réalisateur, Henry Hathaway, est une terreur. Il est aussi réputé pour son mauvais caractère que pour ses westerns et ses polars. Gregory Peck dira de lui : « Avant 9 heures et après 18 heures, c'est un gentleman. Entre-temps, c'est un tyran. »

Le premier jour, Grace tourne une scène dans un taxi bloqué dans un embouteillage. Le lendemain, autre décor pour une scène plus complexe : le bureau d'un avocat où elle doit signer les papiers de son divorce. Mais assister au grand saut du héros a changé sa perception des choses :

> *Si tu étais arrivé à l'heure, c'était parfait. Je voulais divorcer, mais j'en ai eu assez d'attendre et de réfléchir.*

En trois prises, l'affaire est bouclée. Tout juste Hathaway lui a-t-il demandé, après la première, de baisser sa voix d'un ton.

Au total, elle apparaît deux minutes et quatorze secondes à l'écran, ce qui lui vaut de figurer en dixième position au générique. Il y a des débuts plus spectaculaires. Mais sa prestation tape dans l'œil d'une jeune fille de l'Oregon qui prend l'initiative de fonder le premier fan-club de Grace Kelly. Chaque semaine, elle lui enverra le nom des nouveaux membres…

*

Durant son audition pour *Quatorze Heures*, Grace a donné la réplique à un jeune inconnu nommé Robert Evans. Il ne sera pas retenu, mais deviendra l'un des plus fameux producteurs des années 1970 (*Love Story*, *Le Parrain*, *Gatsby le Magnifique*) et se forgera une sérieuse réputation de *serial lover*: il se mariera sept fois, notamment avec Ali MacGraw.

Il a beau avoir un an de moins qu'elle, Grace s'intéresse à lui car ils partagent le même goût des danses sud-américaines. Ils se retrouvent régulièrement au Plaza pour danser le tango et finir la soirée ensemble. Elle est un de ces trophées que tout séducteur a envie d'afficher à son palmarès, comme en témoigne Evans dans ses mémoires :

— Ce que la belle ne savait pas, c'est qu'une prime de 100 dollars s'attachait à sa personne. Quelques mois plus tôt, Dickie [son meilleur ami, l'acteur Dickie Van Patten] et moi avions fait des pieds et des mains pour la rencontrer, faisant le siège de l'hôtel Barbizon dans l'espoir de soudoyer le portier. Zéro sur toute la ligne. « Cent dollars au premier qui l'aura à son bras », décréta Dickie. [...] À l'époque, il jouait à Broadway. Un vendredi soir, j'arrive au spectacle au bras de Miss Prime de 100 dollars. Nous allons ensuite le voir dans sa loge : sous le maquillage, il pâlit en la voyant à mon bras[1]...

Sous ses airs d'oie blanche, Grace a l'art de cloisonner ses vies. Experte dans l'art de cacher son jeu, elle

1. Robert Evans, *L'Enfant gâté de Hollywood*, A Contrario, 1995.

n'hésite pas à vivre sa sexualité dans une Amérique au comble du puritanisme, entre eau de rose et eau bénite.

— Était-elle si bonne catholique qu'elle se dérobait au moment fatidique ? Non, elle n'était pas prude, plutôt le contraire, se souviendra Evans. Elle utilisait le catholicisme comme une couverture[1].

Sans doute cela participe-t-il de sa révolte intérieure contre son éducation, mais aussi d'une forme d'identification au père, ce séducteur invétéré. Sa relation avec Robert Evans ne durera pas.

Au printemps 1951, on lui propose un contrat de dix semaines pour jouer à l'Elitch Gardens Theatre de Denver, dans le Colorado, à l'occasion du festival d'été. Pas vraiment ce dont elle rêve, mais son désir de retrouver les planches est le plus fort : elle accepte.

L'acteur vedette de la troupe s'appelle Gene Lyons, futur pilier de nombreuses séries télé telles que *L'Homme de fer*. De ses origines irlandaises, il a gardé les cheveux roux. Son visage anguleux, qui lui donne assurance et prestance, cache une fragilité intérieure. En instance de divorce de la comédienne Lee Grant (futur Oscar du meilleur second rôle pour *Shampoo*), il a trouvé refuge dans la boisson. Grace est persuadée que son amour suffira à l'aider à reprendre pied. Au fil des jours, son attachement s'approfondit. Ils commencent à échafauder des projets. Elle se convainc que seul un acteur peut la comprendre et donc l'aimer. Peu importe qu'il soit de huit ans son aîné : après tout, c'est exactement l'âge qui sépare son père de sa mère.

En fait, un autre projet l'attend…

---

1. Cité par Wendy Leigh, *Grace Kelly, les derniers secrets*, Nouveau Monde éditions, 2007.

5

HOLLYWOOD

Le 10 août 1951, Grace Kelly reçoit un télégramme : « Soyez à Los Angeles le 28 août pour les essais de costume et de maquillage. »

Depuis plusieurs mois, Edith Van Cleve, son agent, lui parle de *High Noon*, qui sera traduit en français par *Le train sifflera trois fois.* Stanley Kramer, producteur qui travaille en marge des studios, l'a repérée sur photos et a flairé la bonne affaire. Mais le projet a du mal à se monter : le budget est limité, le casting difficile à boucler. Après avoir envisagé Marlon Brando, Montgomery Clift et Charlton Heston, Kramer a dû se résoudre à engager Gary Cooper, alors au creux de la vague. Physiquement diminué par une hernie discale et un ulcère à l'estomac, il semble avoir vieilli de dix ans. Mais la participation de l'acteur était une condition *sine qua non* pour que son financier, un agriculteur de Salinas surnommé « le roi de la salade », débloque ses fonds. Va donc pour Gary Cooper.

Début juillet, Grace a fait un saut à Hollywood, depuis Denver, pour rencontrer le réalisateur Fred Zinnemann. Né à Vienne d'une famille juive, il a fui l'Europe avant l'avènement du nazisme. Ses débuts américains ont été moins remarqués que ceux des

Wilder, Lubitsch et autres Fritz Lang, qui ont également émigré en Amérique, mais il vient de signer *C'était des hommes*, le premier film de Marlon Brando. Grace, qu'il n'a pas choisie, redoute son verdict, mais il apprécie d'emblée cette jeune femme bien élevée qui se présente à lui en gants blancs. Stanley Kramer, lui, se prend à douter : à vingt-deux ans, la jeune femme n'est-elle pas trop jeune pour donner la réplique à Gary Cooper, qui en a cinquante ? Le contrat étant déjà signé, il préfère toutefois ne pas le rompre : un sou est un sou.

Grace Kelly débarque donc à Los Angeles. Cette fois, son rôle est consistant. Le film n'est pas un simple western avec Indiens et cow-boys, mais une sombre méditation sur le devoir, à l'heure où sévit la violente campagne anticommuniste du sénateur McCarthy. Elle incarne Amy Kane, une quaker qui vient d'épouser Will Kane, le shérif d'un petit village. Alors que celui-ci s'apprête à rendre son étoile pour mener une existence tranquille avec sa femme, il apprend qu'un hors-la-loi, qu'il a jadis arrêté et jeté en prison, s'apprête à revenir par le train de midi pour se venger. Dans un premier temps, Kane quitte la ville, mais son sens du devoir lui fait rebrousser chemin. Il est alors confronté à l'indifférence, à la couardise et à la lâcheté des habitants, qui tous se trouvent d'excellentes raisons de ne pas lui prêter main-forte. Quand l'homme arrive à la gare, Kane est seul pour l'affronter. Il ne devra la vie qu'à sa femme, qui abandonne ses principes pour le sauver.

Radieuse au début du film, Grace oscille ensuite entre la colère de voir son mari lui préférer sa vie passée et l'angoisse qu'il soit tué. Une scène lui permet notamment de montrer son talent :

— Quel genre de femme êtes-vous pour abandonner ainsi votre mari ? Le bruit des revolvers vous effraie tant ?

— Non, c'est un son que je connais bien. Les revolvers ont tué mon père et mon frère. Ils étaient du bon côté, mais ça ne les a pas aidés. Mon frère avait dix-neuf ans et je l'ai vu mourir. Et je suis devenue quaker. Le reste, je m'en moque.

Durant le tournage, Grace est logée au Château Marmont, une bizarrerie architecturale bâtie sur le modèle du château d'Amboise, dont Sofia Coppola fera l'épicentre de *Somewhere.* De cette forteresse à l'abri des regards indiscrets, Harry Cohn, patron de la Columbia, disait : « Si vous devez faire une chose que vous regretterez le lendemain, allez la faire au Château Marmont. » N'empêche, la rumeur ne tarde pas à circuler d'une idylle entre Grace et Gary Cooper, un homme marié, dont les frasques avec Patricia O'Neal viennent de défrayer la chronique. De toute évidence, la jeune femme est fascinée par ce monstre sacré. Lui se montre attentif et prévenant. Il la prend sous son aile et lui conseille, notamment, de ne pas forcer son jeu. Grace déborde de tendresse pour lui. Il est sous le charme. « Cooper ne resta pas insensible du tout », commentera Stanley Kramer.

On parle aussi d'une liaison entre Fred Zinnemann et Grace, qu'une photo montre assise sur les genoux du réalisateur. L'autre actrice du film, Katy Jurado, se plaindra qu'il multiplie les gros plans sur elle. D'aucuns iront jusqu'à imaginer que Zinnemann servait de couverture à Gary Cooper…

On a beaucoup prêté à Grace Kelly : pour donner du croustillant à leurs ouvrages, ses biographes américains ont souvent oublié la règle journalistique du *double check*, n'hésitant pas à s'appuyer sur le témoignage du fils du premier assistant ou sur des propos exclusifs tenus par un témoin rencontré pendant l'écriture de leur ouvrage, mais mort à sa sortie.

Aucun témoignage direct n'établit que la relation entre Gary Cooper et Grace ait dépassé la simple amitié amoureuse. La rumeur hollywoodienne, cependant, ne tarde pas à parvenir aux oreilles de Margaret Kelly, qui dépêche une fois de plus sa fille Lizanne pour la surveiller. Chaque jour, celle-ci accompagne sa sœur aux studios dès 6 heures et elles en reviennent vers 18 h 30. Le soir, elles sont régulièrement de sortie, mais dans ses courriers à son petit ami de l'époque, Lizanne se garde bien de citer le moindre nom. Ensemble, elles iront à Sonoma, dans le sud de la Californie, où doivent être tournées les scènes d'extérieur. Gary Cooper leur fait découvrir les *steak houses* les plus improbables. Le week-end, en revanche, elles le passent avec leur oncle qui habite alors à Palm Springs. Il les emmène déjeuner à Santa Barbara ou San Diego.

— Grace et lui parlaient tout le temps de théâtre, se souviendra Lizanne. Moi, je m'endormais sur le siège arrière de la voiture[1].

*

À sa sortie, *Le train sifflera trois fois* connaît un succès considérable. Le film, qui rapportera quarante fois ce qu'il a coûté, décroche sept nominations aux oscars et en raflera quatre – dont celui du meilleur

---

1. *Grace Kelly, the American Princess*, réalisé par Gene Feldman et Suzette Winter, 1987.

acteur pour Gary Cooper, le deuxième de sa carrière. Pourtant, Grace Kelly est effondrée par sa prestation.

— J'ai été horrifiée, confessera-t-elle. Je me rappelle m'être dit: «La pauvre fille, elle n'arrivera jamais à rien si elle ne réagit pas, et vite[1].»

Dès le tournage, elle a senti ses limites. Cinq mois à Denver puis à Hollywood lui ont valu d'être un peu oubliée des responsables de casting. Tout est à refaire ou presque, ce qui la pousse à se remettre en cause: peut-elle vraiment percer? À quoi bon poursuivre ce métier si c'est pour rester une actrice qui court les auditions à la recherche d'un petit rôle, comme tant de filles à New York?

Grace comprend qu'elle préfère des seconds rôles à pas de rôle du tout. De retour à New York, elle s'inscrit au cours de Sanford Meisner, «le meilleur professeur de théâtre de ce pays», selon Arthur Miller. Depuis quelques années, les comédiens ne parlent que de sa méthode d'interprétation, une technique de jeu inspirée des théories du metteur en scène russe Stanislavski. Pour susciter l'émotion, l'acteur doit puiser en lui-même la psychologie du personnage. En d'autres termes, il s'agit de passer du figuratif au naturalisme. L'Actors Studio, d'où sortiront notamment Marlon Brando et James Dean, en est le temple, et Meisner fut l'un de ses premiers enseignants.

Quatre fois par semaine, Grace se rend à ses cours, n'hésitant pas à remettre en question sa formation classique pour enrichir son jeu. Gene Lyons est venu la rejoindre pour la soutenir. En réalité, c'est elle qui le soutient. Plus introverti que jamais, il est en proie à ses

1. Donald Spoto, *op. cit.*

démons. À cette époque, l'alcoolisme est perçu comme un signe de virilité. Le style whisky sec est une esthétique de vie. Dans son cas, c'est une fuite, un exutoire dans lequel il s'enferme. Grace ne peut qu'assister avec impuissance à cette spirale autodestructrice.

En février 1952, ils sont tous deux engagés pour *Le Garçon riche*, adaptation télévisée d'une nouvelle de Francis Scott Fitzgerald. Une femme tombe amoureuse d'un jeune homme issu de la haute société new-yorkaise, mais s'éloigne de lui à cause de son alcoolisme. Étrange mise en abyme de leur propre liaison…

> — *Nous sommes peut-être trop différents. Pourquoi bois-tu autant?*
> — *Parce que j'en ai envie.*

Entre deux dramatiques, dont certaines réalisées par des futures gloires de Hollywood, tels Ted Post ou Franklin J. Shaffner, elle revient en avril au théâtre dans *To be continued*, de William Marchant. Un four: conventionnelle, pour ne pas dire boursouflée, la pièce quitte l'affiche après treize représentations.

Quelques semaines plus tôt, elle a tourné un bout d'essai pour *Taxi*. On la pressent pour le rôle d'une Irlandaise. Étant donné ses origines, elle est convaincue d'être engagée. Nouvelle déception. C'est alors que la bobine tombe entre les mains d'un certain John Ford…

— Cette fille a de la classe, lance-t-il. Je veux lui faire faire un essai en couleurs. Je parie qu'elle va nous laisser sur le cul[1].

---

1. Cité par Dore Schary, *Heyday: An Autobiography*, Little, Brown & C°, 1979.

*

Dans ce début des années 1950, Hollywood est en pleine tourmente. La ville du cinéma, qui vit en vase clos depuis l'origine, comme coupée du reste de l'Amérique, avec ses propres lois, doit faire face à la sourde menace de la Commission des activités antiaméricaines du sénateur McCarthy. Au cœur de cette guerre froide qui mènera les époux Rosenberg sur la chaise électrique, en 1953, on traque les communistes dans une atmosphère de paranoïa : qui a fréquenté un « rouge » doit le dénoncer, sous peine d'être interdit de travail.

Par ailleurs, l'âge d'or des studios est vacillant. Dans toute l'Amérique, la fréquentation des salles est en baisse. Même les *drive in* font moins recette. L'essor de la télévision menace la suprématie du cinéma dans l'industrie du divertissement. La machine à rêves doit se réinventer en donnant plus à voir : le Technicolor se généralise, alors que l'on se prépare à lancer le Cinémascope.

La MGM qui vient de connaître un gros succès avec *Les Mines du roi Salomon*, est bien décidée à jouer également la carte de l'exotisme. L'Afrique semble un bon filon : elle décide de lancer *Mogambo*, un remake de *La Belle de Saigon* transposé sur le continent noir, « dans des paysages sauvages d'une splendeur terrifiante, comme on n'en a encore jamais vu sur les écrans », claironnera la publicité. L'argument ? Un triangle amoureux. Deux femmes en vacances au Kenya se disputent un chasseur de fauves. Clark Gable reprend le rôle principal que lui avait confié Victor Fleming dans l'original, en 1932 ; Ava Gardner, autre star estampillée MGM, lui donnera la réplique.

Pour le second rôle, le studio pense à Deborah Kerr, qu'il a sous contrat, mais John Ford, engagé comme réalisateur, ne veut pas en entendre parler. Or il occupe à Hollywood une place à part : c'est un seigneur. En cinquante ans de carrière, Ford tournera pas moins de cent cinquante films, dont plusieurs chefs-d'œuvre tels *Les Raisins de la colère*, *La Chevauchée fantastique* ou *L'Homme tranquille.* D'origine irlandaise comme Grace – son véritable patronyme est Sean O'Ferna –, il prône l'humanisme, la camaraderie, la haine du racisme ; sur un plateau, en revanche, c'est un despote : on disait de lui qu'il était le seul homme capable de faire pleurer John Wayne. « C'était l'homme le plus méchant de la terre, il était intrinsèquement mauvais », dira Ava Gardner après le tournage de *Mogambo.*

Grace Kelly, qui n'a jamais eu peur de se colleter aux réalisateurs tyranniques, est donc conviée à Los Angeles. Elle prend un bain de minuit dans la piscine de l'hôtel Bel Air et se présente devant Ford pour passer un test. Le réalisateur, qui a perdu un œil en filmant une bataille navale pendant la guerre, a gardé toute sa clairvoyance : Grace se révèle excellente et son visage est magnifié par la couleur.

Aussitôt, les gratte-papier de la MGM lui envoient un contrat standard. Une corde de pendu plutôt : durant sept années, le studio pourra exiger qu'elle tourne jusqu'à trois films par an, mais il pourra aussi la « prêter » à un concurrent, voire la congédier tous les six mois sans indemnité.

Grace n'est pas de ces jeunes femmes qui débarquent d'un car Greyhound, une valise à la main, prêtes à tout pour réussir à Hollywood. Elle sait à quel point les studios peuvent se montrer ingrats et garder des actrices sous contrat sans jamais les faire tourner. Alors elle négocie : elle veut être libre une année sur deux, afin de continuer sa carrière théâtrale, et tient à conserver son lieu de résidence à New York. Parce qu'elle s'est toujours sentie étrangère à Hollywood, mais aussi pour échapper à l'emprise des studios, qui n'hésitent pas à régenter la vie privée de leurs comédiens. En revanche, elle n'obtient pas gain de cause sur sa volonté de choisir elle-même les films qui lui conviennent.

— Nous les sélectionnons nous-mêmes depuis toujours et cela nous a toujours réussi, lui réplique Lucille Ryman Carroll, directrice du casting.

Laquelle en profite pour raboter ses émoluments : « Je me suis dit que je pourrais l'avoir pour 750 dollars par semaine, dira-t-elle. On donnait facilement le double à l'époque. Et elle a accepté[1]. » Grace n'a jamais été âpre au gain : bien née, vivant confortablement, elle ne court pas après l'argent.

— J'ai signé avec la MGM car *Mogambo* m'offrait la possibilité de travailler avec John Ford et Clark Gable, racontera-t-elle, et parce que le tournage avait lieu en Afrique. S'il s'était déroulé en Arizona, je n'aurais pas signé.

Elle attendra le dernier moment pour apposer son paraphe, dans la salle d'embarquement de l'aéroport. Grace Kelly est une femme libre, dans sa vie privée comme dans sa vie professionnelle.

*

---

1. Cité par James Spada, *op. cit.*

À la mi-novembre 1952, dûment vaccinée contre la fièvre jaune, le choléra, le typhus et Dieu sait quoi, Grace s'envole donc pour ce tournage aux allures de safari. Les prises de vues doivent se dérouler au Kenya, en Ouganda et au Tanganyika (la future Tanzanie). À peine arrivée, elle dîne avec l'équipe et surprend Clark Gable en commandant au serveur une banane… en swahili. Entre eux, le courant passe immédiatement. « Pour ce qui est de la romance, manifestement, c'est Grace qui intéressait Clark et il ne lui était pas indifférent, témoignera Ava Gardner. Ils étaient tous deux célibataires et quoi de plus normal pour une femme que de tomber amoureuse de Clark Gable[1] ? »

Quoique enregistré par erreur comme une fille sur son certificat de naissance, ce dernier est bel et bien un bourreau des cœurs. Comptant autant de conquêtes que de films, il séduit comme il respire. Toute une génération de femmes a fantasmé sur sa fine moustache et ses pommettes saillantes dans *Autant en emporte le vent*. Après la mort de sa femme Carole Lombard, tuée dans un accident d'avion, il a épousé Sylvia Ashley, mais vient d'en divorcer. Quand « Ma » Kelly apprend qu'il sera le partenaire de sa fille, elle s'écrie :

— En Afrique avec lui ? Mais que vont dire les gens ?

Tandis qu'Ava Gardner et son mari Frank Sinatra – qui est du voyage – se disputent, se réconcilient, s'invectivent, se retrouvent et se jettent à la figure toutes sortes d'objets avant de se rabibocher, Clark et Grace roucoulent. Vingt-huit ans les séparent, mais elle est hypnotisée par sa maturité rassurante – encore une figure paternelle de substitution. Elle le surnomme

1. Ava Gardner, *Ava, mémoires*, Presses de la Renaissance, 1991.

d'ailleurs « Ba », ce qui signifie « père » en swahili. Clark Gable, quant à lui, est pleinement conscient de leur différence d'âge. « Nous sommes submergés de potins sur votre idylle avec Grace Kelly, envoyez confirmation ou démenti », lui télégraphie un journaliste. Il exhibe le message devant l'équipe :

— Voici le plus grand compliment que l'on m'ait jamais fait. Et pourtant, je suis assez vieux pour être son père !

Toujours est-il que Clark et Grace ne se quittent pas, comme en atteste une lettre de Grace à Prudy Wise, un mois et demi après leur arrivée :

> *Hier, nous avons eu congé. Avec Clark, j'ai fait trois heures de jeep pour aller à Bukoba, la ville la plus proche, sur le lac Victoria. Là, nous avons pris un déjeuner affreux à l'hôtel, suivi d'une baignade délicieuse dans le lac. Il y avait quatre hippopotames à une trentaine de mètres, mais eux aussi savouraient leur baignade et ils ne nous ont pas embêtés.* [...] *Clark est parti de bonne heure et c'est le premier soir où nous ne dînerons pas ensemble depuis que je suis arrivée en Afrique*[1].

Au passage, Grace découvre que Clark Gable est un gros buveur... Entre John Ford et lui, c'est à qui descendra le plus de verres de whisky sans tituber ! « Grace n'a jamais tenu l'alcool en dépit de tous ses efforts, raconte Ava Gardner. Son petit nez devenait rose. Elle utilisait alors la même stratégie que moi : la fuite dans la nuit. Clark comprenait au bout de quelques secondes et me disait : “Où est-elle partie ? On est en Afrique, elle ne peut pas se sauver comme ça !” Je partais alors à sa

1. *Paris Match*, 24 mars 1994.

recherche et la ramenais avant que les lions ne l'aient mangée[1]... »

La brune et la blonde deviennent inséparables – elles resteront amies jusqu'à la mort de Grace. Un soir, en compagnie du producteur Saul Zimbalist, elles se promènent parmi les figurants quand Ava interroge :

— Gracie, as-tu déjà vu une bite noire ?

Puis elle soulève un pagne et soupire :

— Celle de Frank est plus grosse !

Le tournage, en Afrique orientale, est en lui-même un film d'aventures. Les campements comptent trois cents tentes dotées de l'eau courante, dont un hôpital de fortune et une prison, au cas où. Une piste d'atterrissage est construite en pleine jungle. Trente agents de sécurité veillent sur l'équipe. En pleine révolte des Mau Mau contre le colonisateur anglais, chaque membre reçoit de la production une arme à feu. Clark, chasseur expérimenté, hérite d'une carabine et joue les professeurs de tir avec Grace.

La fin du tournage est prévue dans les studios de Londres. L'équipe est logée au Savoy. Clark Gable comprend alors que son histoire avec Grace n'a pas d'avenir : conscient que les meilleures romances de tournage s'arrêtent au clap de fin, il adopte la stratégie de l'esquive. Elle fait le siège de sa suite, sans succès. En guise de cadeau de rupture, il l'escorte néanmoins jusqu'au pied de l'avion.

— Quand Clark Gable m'a accompagnée à l'aéroport de Londres pour assister à ton mariage, dira-t-elle à son amie Judith Balaban Quine, j'ai éclaté en sanglots...

---

1. Ava Gardner, *op. cit.*

6

Hitchcock

De retour à New York après *Mogambo*, Grace Kelly retrouve ce qui est devenu sa routine : les dramatiques télévisées. Entre mai et juin, elle en enchaîne trois, dont *The Way of the Eagle*, une évocation de la vie du naturaliste et peintre d'origine française Jean-Jacques Audubon, considéré comme le premier ornithologue du Nouveau Monde, incarné par Jean-Pierre Aumont.

Échaudée par sa rupture avec Clark Gable, elle se montre distante avec son partenaire, lequel découvre, dès le premier jour, que « ses yeux bleus peuvent aisément devenir d'acier ». Les coureurs, elle a déjà donné, et Jean-Pierre Aumont a cette réputation. Regard velouté, sourire méridional qui dévoile une dentition parfaite, il a cette désinvolture élégante qui fait craquer les femmes. Sa vie amoureuse a des allures de générique : marié une première fois à l'actrice Blanche Montel, il épousera à son arrivée aux États-Unis l'actrice dominicaine Maria Montez, mère de sa fille Tina, qui sera retrouvée morte dans sa baignoire, avant d'entretenir des liaisons avec Joan Crawford, Hedy Lamarr, Vivien Leigh et Barbara Stanwyck, puis d'épouser (par deux fois !) Marisa Pavan.

Lors de la première pause de midi, il invite Grace à déjeuner.

— Non merci, monsieur Aumont, lui réplique-t-elle.

Le jour suivant, elle continue de lui donner du «monsieur Aumont», dans un milieu où l'on s'appelle par son prénom dès la première rencontre.

«La salle où nous répétions servait de dancing le samedi soir, racontera Jean-Pierre Aumont. Elle était ornée de slogans écrits à la main sur des banderoles. Le quatrième jour, las de subir sa froideur, je la pris par le bras et, d'un doigt impérieux, lui désignai une des banderoles. Elle ajusta ses lunettes et lut : "*Ladies*, soyez aimables avec vos cavaliers. N'oubliez pas que les hommes sont aussi des êtres humains." Grace éclata de rire. La glace était rompue. Nous devînmes les meilleurs amis du monde et ne nous quittâmes plus jusqu'à mon départ pour Paris[1].»

Avec lui, Grace découvre le romantisme à la française.

*

Sorti en 1953, *Mogambo* est un gros succès au box-office. Au petit jeu des récompenses, c'est Grace Kelly qui s'en tire le mieux : meilleure actrice dans un second rôle aux Golden Globes et nomination comme second rôle aux Oscars – Donna Reed lui soufflera la statuette pour sa prestation dans *Tant qu'il y aura des hommes.* John Ford, recordman du nombre d'Oscars du meilleur réalisateur, n'obtiendra rien.

— Je n'ai jamais vu le film terminé, dira-t-il.

En attendant, la MGM ne sait que faire de sa dernière recrue. Spécialisée dans les comédies musicales et

1. Jean-Pierre Aumont, *Le Soleil et les Ombres*, Robert Laffont, 1976.

les films d'époque, elle n'a rien à lui proposer. Plutôt que de la payer plus longtemps à ne rien faire, elle décide de la mettre sur le marché. Pratique courante à Hollywood : les studios n'hésitent pas à louer leurs protégés deux fois plus cher qu'ils ne les paient et d'empocher la différence.

C'est ainsi que le bout d'essai de *Taxi* – qui l'avait déjà fait repérer pour *Mogambo* ! – se retrouve à la Warner entre les mains d'Alfred Hitchcock, qui prépare *Le crime était presque parfait.* Le maître du suspense la convoque à Hollywood, où elle arrive pétrifiée d'inquiétude : n'est-ce pas lui, un jour, qui a dit que « les acteurs sont du bétail » ?

— J'étais très nerveuse, très timide lors de cette première entrevue, mais il était adorable et m'a mise à l'aise. Nous avons parlé de voyages, de nourriture, de vin, de musique, de mode... Nous avons parlé de tout sauf [de mon] personnage[1].

Hitchcock est conquis.

— Elle est exactement celle que je cherchais depuis longtemps, dira-t-il à sa fille Patricia. Elle est séduisante sans être sexy. Sous une apparence de glace, elle semble brûler d'un feu intérieur qui fera merveille à l'écran.

En d'autres occasions, il parlera même de « volcan sous la neige ». Depuis qu'Ingrid Bergman, sa muse, a délaissé Hollywood pour rejoindre Roberto Rossellini à Rome, Alfred Hitchcock est en quête d'une nouvelle égérie. Né en Angleterre, il n'a jamais été inspiré par les femmes latines. Il n'aime que les blondes glaciales, voire réfrigérantes, qui dégagent à la fois beauté et

1. Cité par Donald Spoto, *op. cit.*

distance ; or, à ses yeux, les blondes hollywoodiennes, de Lana Turner à Marilyn Monroe, en passant par Jayne Mansfield, arborent « leur sexualité en sautoir comme un bijou de pacotille »… Tout juste bonnes à figurer, selon lui, sur les calendriers pour camionneurs ou dans les vestiaires de sportifs, comme les fameuses pin-up dont c'est alors l'apogée. Lui préfère les femmes *lady-like*, et Grace Kelly, issue de la haute société de Philadelphie, est de celle-là, alliant éducation, distinction et élégance, avec une part de mystère en plus.

— Ce qui me fascine chez Miss Kelly, c'est son élégance sexuelle, confessera-t-il. Prenez une belle femme avec les yeux noirs et des formes opulentes comme Ava Gardner ou Liz Taylor, dont on comprend tout de suite qu'elle est à son affaire avec les hommes. Faites-la entrer dans un salon où se trouve un monsieur. Si elle se précipite sur lui et lui arrache son pantalon, on risque d'être choqué, mais pas vraiment étonné. Si, en revanche, c'est une blonde distinguée, genre Grace Kelly, tailleur Chanel et politesse apparente de réfrigérateur scandinave, et qu'elle fait exactement la même chose, non seulement on sera choqué, mais en plus on sera sacrément surpris. Ce qui est diablement plus excitant…

Complexé par son obésité, marié à la même femme depuis 1926, avec qui il vivra chastement après la naissance de leur fille, Hitchcock projette ses fantasmes refoulés sur les personnages féminins de ses films – et sur leurs interprètes. Il va façonner Grace pour en faire l'incarnation de son univers et la propulser au firmament de la célébrité. Grâce à lui, elle sortira de la catégorie fourmillante des actrices rêvant de gloire pour entrer dans l'imaginaire collectif.

Dans *Le crime était presque parfait*, leur première collaboration, dont l'action se déroule en Angleterre, Grace Kelly interprète une femme mariée dont l'amant est de retour après plusieurs mois passés en Amérique. Son époux met au point une infernale machination pour la faire tuer sans risque d'être inquiété. Elle en réchappera – c'est même elle qui tuera son assassin, dans une scène de meurtre filmée comme un viol – et il s'en faudra d'une clé pour qu'elle échappe à l'échafaud. Est-elle pour autant innocente ? Non : si son mari veut l'éliminer, c'est pour la punir. Chez Hitchcock, la femme cache toujours quelque chose d'inavouable ; elle est fatale, au sens premier du terme. Virginale et maléfique, elle incarne le fruit défendu.

Dès les premières prises de vues, Grace découvre un metteur en scène pointilleux, qui lui permet de progresser. « D'une patience infinie », dira-t-elle, il l'aide à placer sa voix, à adopter l'accent l'anglais, à affûter son jeu. Il est son Pygmalion. Joueur et manipulateur, il n'hésite pourtant pas à la déstabiliser. Un jour, il raconte à Ray Milland une des blagues salaces dont il raffole, puis se tourne vers elle :

— Choquée, mademoiselle Kelly ?

— Oh, pas du tout, monsieur Hitchcock, j'ai fait mes études dans un pensionnat de jeunes filles. À treize ans, je les connaissais toutes.

Heureuse d'être dirigée avec précision, contrairement à *Mogambo* où John Ford « se foutait de ce [qu'elle] faisait », Grace se laisse faire, sans pour autant se soumettre. Pour la scène où elle se lève en pleine nuit et répond au téléphone, Hitchcock souhaitait qu'elle porte un peignoir de velours où se refléteraient ombres et lumières. Pas convaincue, elle s'en ouvre au réalisateur, peu réputé pour supporter la contradiction.

— Et que mettriez-vous pour aller répondre au téléphone, vous? lui demande-t-il, vexé.

— Rien du tout. Je resterais en chemise en nuit!

— Vous avez peut-être raison, mademoiselle Kelly…

Le week-end, il n'est pas rare que Grace soit invitée chez le cinéaste, dans sa résidence de campagne, sur les collines de Monterey, près de Carmel. Lizanne, encore une fois du voyage, témoignera :

— Son épouse, un authentique cordon-bleu, nous préparait des banquets répondant aux goûts de son mari, autrement dit pantagruéliques. Après un apéritif déjà consistant, les plats se succédaient pendant trois heures. Hitch, qui présidait la table, ne cessait de parler. Le lundi, nous nous mettions au régime[1].

*

À Hollywood, Grace habite au-dessus de l'appartement de Frederick Knott, l'auteur de la pièce adaptée par Hitchcock. Il s'est entiché d'elle, mais elle ne jure que par son partenaire Ray Milland, un ancien garde royal londonien devenu l'une des valeurs sûres de Hollywood, lauréat d'un Oscar pour *La Poison* de Billy Wilder. Traits réguliers, front de l'homme qui maîtrise la situation, cheveux coiffés en arrière, il a la prestance élégante d'un Cary Grant. Une assurance rassurante qui ne peut que séduire Grace. « Avec Ray Milland, c'est le paradis », écrira-t-elle à son amie Prudy Wise.

---

1. Cité par Johanna Spencer, *Grace, une princesse désenchantée*, Payot, 2004.

En réalité, ce sera l'enfer. Les vingt-quatre ans qui les séparent ne sont pas le seul écueil : Ray Milland est marié depuis 1930 à Muriel Weber, dite « Mal ». De toute évidence, il ne s'en est pas vanté. Or leur histoire ne tarde pas à prendre plus d'importance qu'il l'imaginait. Ils envisagent même de se marier.

— Nous avons eu une longue conversation, témoignera Lizanne. Il m'a dit qu'il était profondément amoureux de Grace[1].

Pris au piège de leur propre passion, Ray et Grace ne tardent pas à devenir la cible des tabloïds comme *Confidential* : « Un regard à Gracie a suffi pour que Milland parte en vrille. Bientôt toute la ville s'est mise à crier sur les toits que le doux Milland, qui avait femme et enfants, était devenu gaga à cause de Grace. Il la poursuivait de ses ardeurs et tout Hollywood en ricanait. Puis maman Milland découvrit le pot aux roses. Elle abattit son balai sur Ray le vagabond. S'ensuivit l'une des disputes les plus bruyantes et les plus arrosées de larmes que leurs voisins de Beverly Hills eussent jamais entendue. »

Le *Miror News* de Los Angeles en rajoute : « Comment pourrait-on la croire sublime de dignité quand on entend parler de liaison avec Ray Milland ? »

N'hésitant pas à jouer les pères la morale alors qu'ils font leur beurre sur les coucheries des stars, les journaux à scandale prennent parti pour l'épouse bafouée et font passer Grace Kelly pour une voleuse de mari, une briseuse de ménage. Cible d'autant plus facile que la comédienne n'a jamais voulu s'intégrer à la machine hollywoodienne et adopter ses codes. Une femme

---

1. Cité par James Spada, *op. cit.*

qui préfère vivre à New York, quand tant d'autres ne rêvent que de s'installer en Californie, doit avoir bien des choses à cacher. On n'aime que ceux qui nous ressemblent…

Cette fois, il y a péril en la demeure. C'est l'image, voire la carrière de Grace qui sont en cause. Lorsqu'il s'agit d'acheter un ticket de cinéma, les femmes jouent un rôle déterminant : si elles voient en Grace une menace, elles pousseront leur mari à aller voir un autre film.

Jack Kelly dépêche auprès de sa fille un de ses amis conseiller en communication, Paul H. « Scoop » Conlan, et sa femme, Margaret. Grace se range à leurs arguments et met fin à sa liaison avec Ray Milland, qui regagne sagement le domicile conjugal. Il restera marié à Mal jusqu'à sa mort, en 1986.

Grace a été victime de sa naïveté : tout à sa soif d'être aimée, elle s'est fourvoyée. Dans un Hollywood où tous les moyens sont bons pour réussir, elle ne tombe amoureuse ni par arrivisme ni par hédonisme, elle se laisse piéger par son indécrottable romantisme. Elle ne cherche pas des amants de passage, mais un mari potentiel. Chaque fois, elle y croit dur comme fer et se donne à cœur perdu.

En parallèle, la MGM et la Warner œuvrent dans l'ombre pour éteindre l'incendie.

— Les studios avaient pour habitude de graisser la patte des journalistes trop enclins à remuer ce qui ne devait pas l'être, témoignera le journaliste Robert F. Slatzer. Avec Grace, cette pratique devint particulièrement onéreuse…

*

Sitôt achevé le tournage du *Crime était presque parfait*, Grace s'envole pour New York, plus anonyme, où elle peut vivre librement. Meurtrie, souillée par ce scandale, elle en gardera à jamais la détestation de la capitale du cinéma – ce «dépotoir», comme l'appelait Fitzgerald.

— J'ai éprouvé de la haine pour Hollywood, cette ville sans pitié, où seul le succès compte. S'il vous manque la clé qui ouvre les bonnes portes, vous êtes traité comme un lépreux. C'est l'endroit au monde où il y a le plus d'alcooliques, de névrosés, de gens qui souffrent de dépression nerveuse. On y rencontre beaucoup de misère morale. Il faut avoir les nerfs solides pour y vivre[1].

Pour Hitchcock, le tournage a été une épreuve. La 3D imposée par le studio pour rendre ce huis clos plus spectaculaire s'est révélée plus laborieuse que prévu. La caméra était si monumentale que Cary Grant, de passage sur le plateau, s'est exclamé :

— Eh, Hitch, c'est votre loge ?

Pour tromper l'ennui de mises en place interminables, Hitchcock aime évoquer son prochain film, *Fenêtre sur cour*. Enthousiaste à l'idée de reconstituer dans un studio un immeuble de Greenwich Village de quatre étages, avec des habitants dans chaque appartement, il lui arrive de parler à Grace du principal personnage féminin, mais jamais il ne lui laisse penser qu'il pourrait l'engager. Quelques semaines après son retour à New York, c'est donc avec surprise qu'elle reçoit un message d'Hitchcock lui demandant de prendre au plus tôt l'avion pour les essayages.

1. Interview par José de Vilallonga, *Star*, 30 octobre 1979.

Seulement voilà, elle vient d'être contactée pour jouer dans *Sur les quais*. Elia Kazan, le réalisateur, est un lâche doublé d'une balance : il a livré huit noms à la Commission des activités antiaméricaines du sénateur McCarthy. Mais on lui doit *Un tramway nommé désir*, le film qui a lancé Marlon Brando. Lequel, justement, doit jouer le rôle principal. Artistiquement, elle a tout à gagner dans cette aventure, même si l'univers trouble et violent du scénario l'inquiète.

Grace est partagée entre son envie de retrouver Hitchcock, sa loyauté envers celui qui l'a si bien dirigée, son envie de tourner avec James Stewart, et celle de rester à New York, où elle se sent si bien, pour affronter le comédien le plus inspiré de sa génération. Le tournage de Kazan a déjà commencé quand son agent l'appelle :

— Quel film choisis-tu ?

— Je n'arrive pas à me décider.

— Il me faut une réponse cet après-midi. Je t'accorde une heure, pas une minute de plus.

Grace opte finalement pour *Fenêtre sur cour*, l'histoire d'un photographe de presse qui s'est cassé la jambe lors d'un reportage. À force de passer ses journées à regarder par la fenêtre, il finit par soupçonner l'un de ses voisins de meurtre et demande à sa petite amie, une jeune femme fortunée et raffinée, de l'aider à débusquer le coupable.

Un simple polar ? Non : une ode à Grace Kelly. Dans le scénario, Hitchcock a méticuleusement décrit les cinq robes que doit porter son interprète.

— Il pouvait, avec une absolue certitude, expliquer pourquoi il avait choisi tel style, telle couleur, expliquera Edith Head, la costumière. Un vert pâle pour une scène, une mousseline blanche pour une autre, de l'or pour une troisième. Il était vraiment en plein rêve… Il voulait qu'elle paraisse trop délicate pour être touchée, comme une porcelaine de Dresde[1].

Entre Hitchcock et Grace, la collaboration a pris une nouvelle intensité. Il la cornaque, mais ils rient beaucoup ensemble. Grace éprouve une profonde affection pour cet homme qui ne cherche qu'à la sublimer. Elle se forge la réputation d'une actrice consciencieuse et coopérative, simple et décontractée. Sur le plateau, tout le monde l'aime. Une fois, pourtant, leur belle entente manquera se fissurer. Découvrant Grace en déshabillé, Hitchcock lui lance, ainsi qu'à Edith Head :

— La poitrine, ça ne va pas ! Il va falloir faire quelque chose.

Et de s'adresser, en aparté, à la costumière. De retour dans la loge, Edith Head apprend à Grace qu'il veut lui rajouter des faux seins. Refus de Grace et embarras d'Edith. Finalement, elle jouera de ses aiguilles et Grace retournera sur le plateau en bombant le torse.

— Ah ! c'est quand même mieux avec des faux seins, se réjouit Hitchcock.

Jamais il ne soupçonnera la supercherie. Quant à Grace, jamais elle n'a été aussi belle que dans ce film, alliant raffinement et sourire, réserve et sensualité. Pour la première fois, elle incarne une New-Yorkaise et insuffle dans son personnage l'état d'esprit de Manhattan : une manière d'être, une allure, un chic, un peps. En un mot comme en cent, elle est la classe à l'état pur.

---

1. Donald Spoto, *La Face cachée d'un génie. La vraie vie d'Alfred Hitchcock*, Albin Michel, 2004.

Ni sex-symbol à la Marilyn Monroe, ni ingénue à la Audrey Hepburn, ni garce à la Gene Tierney, ni grande brûlée qui se consume de passion à la Ava Gardner, elle a trouvé son emploi, quasi unique dans l'histoire du cinéma : elle est celle que les femmes voudraient être et celles que les hommes voudraient épouser.

Même James Stewart est sous le charme :

— Glaciale, Grace ? Absolument pas ! Elle a de grands yeux au regard enveloppant, et si vous aviez joué une scène d'amour avec elle, eh bien ! vous sauriez qu'elle n'est pas froide. Et puis, elle a dans l'œil cet éclat de malice qui ne trompe pas.

Pour la scène où elle dépose un baiser sur le front de James Stewart, Hitch a fait pas moins de vingt-sept prises. Le comédien ne s'en est pas plaint… mais pas de flirt avec Grace : il est marié et sa femme, méfiante, vient le chercher tous les soirs à 18 heures au studio.

Durant les deux mois du tournage, Grace a sagement partagé un appartement à West Hollywood avec une autre actrice, Rita Gam, rencontrée au temps de ses débuts dans les dramatiques en direct, également sous contrat avec la MGM.

— Pour nous qui venions de New York, se souvient-elle, Los Angeles était une ville bizarre. Habiter ensemble était sympathique et pratique. Une voiture nous conduisait aux studios tous les matins. On commençait à 6 heures. Les journées étaient très longues, très fatigantes. Quand on rentrait, on avalait un hamburger et on filait au lit pour être en forme le lendemain. Hollywood, c'était une usine.

À l'exception de quelques soirées hollywoodiennes le week-end, pas de sorties.

— Elle est devenue très prudente, commentera Scoop Conlan. Mettez-vous à sa place, après ce qu'elle a entendu sur son compte… Comme on dit : « Chat échaudé craint l'eau froide. »

7

Lady Oscar

À Hollywood, Grace Kelly est la valeur qui monte. Alors que *Fenêtre sur cour* n'est pas encore sorti, le magazine *Life* lui consacre sa couverture sous le titre « L'année de Grace ». Elle y apparaît de trois quarts, l'œil pétillant.

Son potentiel de comédienne fait l'unanimité. Cette fois, c'est la Paramount qui « loue » ses talents pour *Les Ponts de Toko-Ri*, de Mark Robson, d'après un roman de James A. Michener. Un film sur la guerre de Corée – un film d'hommes, donc – dont le personnage féminin n'est pas assez étoffé pour attirer une star, mais suffisamment important pour ne pas être confié à un second couteau.

— Il comportait des nuances que n'importe quelle actrice n'aurait pu rendre, expliquera le producteur William Perlberg. Il nous fallait trouver une inconnue talentueuse qui sorte de l'ordinaire.

Si le film – qui permet quand même de la découvrir en maillot de bain – n'ajoute rien à la gloire de Grace, il restera comme celui de sa rencontre avec William Holden. L'acteur connaîtra une fin tragique : alcoolique de longue date, il se fracassera le crâne en tombant chez lui, où son corps ne sera retrouvé que quatre jours après son décès. À l'époque, on le surnomme « Golden Boy ». Sourire carnassier, silhouette athlétique, il vient de remporter un Oscar pour *Stalag 17*.

Mélange de fougue et de nonchalance, carré tout en étant capable de rondeurs, William Holden est marié à l'actrice Brenda Marshall, mais leur couple va de guingois : ils n'ont cessé de se tromper l'un l'autre et vivent désormais séparés. Au moment de *Toko-Ri*, il sort d'une liaison torride avec Audrey Hepburn, rencontrée durant les prises de vues de *Sabrina*. À croire que ce coureur impénitent n'a qu'une idée en tête lorsqu'il tourne : séduire sa partenaire. Pour lui, le cinéma est un piège à filles. Grace ne tarde pas à succomber à ses charmes. Onze ans les séparent et ils vivent une passion fiévreuse.

— Nous sommes devenus fous amoureux l'un de l'autre, commentera l'acteur. Nous ne pouvions retenir nos sentiments.

Sa sœur Lizanne confirmera :

— Will tenait énormément à Grace. Je ne sais pas ce qu'elle avait de si attachant, mais si elle avait mis ce secret en bouteille, elle aurait fait fortune. Les hommes la trouvaient irrésistible. Il fallait voir l'effet qu'elle produisait sur toutes ces grandes stars de Hollywood[1].

Grace songe à se marier. Sachant que sa famille refusera qu'elle épouse un divorcé, elle pense avoir trouvé la parade : William Holden n'étant pas catholique, son premier mariage serait annulé… s'il se convertit. Le prêtre des Kelly, le père John Cartin, lui confirme le bien-fondé de son raisonnement. L'acteur n'est pas emballé à l'idée de changer de religion, mais il accepte

1. Cité par James Spada, *op. cit.*

d'accompagner Grace à Philadelphie. Il est accueilli comme une araignée : c'est à peine si Jack Kelly n'en vient pas aux mains.

Les deux amants ont beau se montrer discrets, *Confidential* publie un article venimeux : la Cadillac Eldorado blanche de William Holden a été aperçue au pied de l'appartement de Grace à une heure matinale. La star tape du poing sur la table. Le journal doit se rétracter : non seulement « Grace Kelly ne s'attaque pas aux hommes qui ont un fil à la patte », mais « ce matin-là, loin de se distraire plaisamment, Holden a été prié de retourner chez sa femme ».

Comprenant que leur relation est dans l'impasse, William Holden s'éloigne. Il ne divorcera qu'au début des années 1970. Non sans avoir subi en 1957 une vasectomie pour se préserver des descendants illégitimes…

*

William Perlberg et son associé George Seaton ont alors un autre projet : adapter *Une fille de la province*, l'un des grands succès de Broadway, signé Clifford Odets. Un metteur en scène engage pour sa nouvelle pièce une ancienne gloire du music-hall qui a sombré dans l'alcoolisme. Ce dernier accuse sa femme d'être la cause de sa déchéance depuis la mort de leur fils ; en réalité, elle a toujours fait preuve d'abnégation et de dévouement, au point de s'oublier elle-même.

Le rôle devait échoir à Jennifer Jones, dont le certificat de mariage avec le puissant David Selznick jouait en sa faveur ; mais, enceinte, elle doit renoncer. Quand ils apprennent la nouvelle, Perlberg et Seaton n'ont qu'un nom à la bouche pour la remplacer : Grace Kelly.

Pour elle, c'est un rôle en or, à l'opposé de ce qu'elle a toujours joué : rien de glamour, pas de robes coupées dans des étoffes de luxe, mais des habits de femme usée par la vie pour un personnage complexe, à plusieurs facettes, et une vraie évolution psychologique. Mais la MGM – qui ne lui a rien proposé depuis *Mogambo* – a d'autres projets : un film d'aventures en Amérique du Sud, *L'Émeraude tragique*, où elle jouerait les utilités.

Grace est une femme de caractère : pas question de laisser filer pareil rôle. C'est *Une fille de province* ou rien…

— J'ai demandé à mes agents de veiller à ce que tous les cadres de la MGM connaissent mon adresse à New York, afin qu'ils sachent où envoyer leurs cartes de vœux, dira-t-elle à Donald Spoto.

En termes choisis, elle menace la MGM de rompre son contrat et de quitter Hollywood. Position courageuse : les studios n'ont pas l'habitude de se laisser dicter leur conduite. Soucieux de mettre leurs troupes au pas, ils ont brisé des carrières pour moins que cela. Hollywood, c'est comme l'armée : l'insubordination n'y a pas sa place. Mais c'est une armée de mercenaires : avec un chèque, tout peut s'arranger !

En échange de 50 000 dollars et de la promesse de tourner ensuite *L'Émeraude tragique*, la MGM consent à libérer Grace. Au total, en étant simplement « louée » à la concurrence, elle aura rapporté au studio près de 100 000 dollars : en matière de retour sur investissement, comme on dit aujourd'hui, c'est une poule aux œufs d'or !

Bing Crosby, qui interprète le chanteur sur la voie de la rédemption, s'est montré peu favorable à l'engagement de Grace. Il la trouvait trop jolie, trop apprêtée.

Au bout de quelques jours, il mange son chapeau – non sans panache :

— Je n'ouvrirai plus jamais ma grande gueule pour des questions de casting, promet-il. Je suis désolé d'avoir douté de cette fille.

Plutôt petit, le visage rond, les oreilles un peu trop décollées, Crosby est alors une immense star aux États-Unis. Il ne chante pas : il enjôle, il flirte, il câline. Sa voix suave fait chavirer le cœur des ménagères de l'Amérique profonde. C'est une sorte de Sinatra avant l'heure. Quarante de ses chansons, dont « White Christmas », son plus gros succès, ont figuré dans le Top 30 et ses films font toujours recette. Depuis plusieurs années, il abuse de l'alcool, et la mort de sa femme, Dixie Lee, après vingt-deux ans de mariage, n'a rien arrangé.

Grace, qui aime jouer les infirmières au grand cœur, se laisse séduire. Et puis, un veuf, c'est un homme libre – donc acceptable aux yeux de sa famille, malgré leurs vingt-six ans d'écart.

— Indiscutablement, il était un candidat éligible, commentera sa mère[1].

Très vite, Bing Crosby lui propose de l'épouser. Il lui plaît, mais l'aime-t-elle ? Pour une fois, tout semble simple. Trop simple. Le dimanche, il l'emmène à la messe avant d'aller partager un brunch avec Alan Ladd, au bord de sa piscine. Elle aime mieux les indomptables et préfère aimer dans l'adversité. Elle se défile.

Bing et Grace avaient pris l'habitude de dîner au Scandia, un restaurant situé dans la partie la plus animée de Sunset Boulevard. Ils occupaient toujours

---

1. Série d'articles de Richard Gehman, *Los Angeles Examiner*, janvier 1956.

la même table, où ils bavardaient pendant des heures. Dans les semaines qui suivent leur rupture, Bing continue de s'attabler au même endroit, un verre pour seul compagnon, comme s'il attendait sa venue…

Mais Grace ne reviendra pas. Déboussolée, elle se laisse consoler par Tony Curtis, rencontré lors d'une fête chez le scénariste Charles Lederer.

— Elle était très volubile, mais pas aussi maniérée que tout le monde le pensait, racontera-t-il. J'ai remarqué que l'image « Grace Kelly », quand nous étions ensemble, disparaissait. Elle était très chaude… C'était une fille de Philadelphie en chaleur ! Mais notre histoire ne pouvait aller plus loin car elle chassait de plus gros poissons que moi[1]…

Élégant… La star de *Certains l'aiment chaud* oublie simplement de dire qu'il était alors marié à Janet Leigh. *Nobody's perfect…*

*

Après *Une fille de la province*, Grace s'envole pour la Colombie. Avec le sentiment de s'acquitter d'une corvée : cette fameuse *Émeraude tragique*, qui se voudrait une sorte de *Mogambo* sud-américain. Un nanar programmé avec Stewart Granger, une verrue dans sa filmographie jusqu'alors sans tache. Mais elle n'a pas le choix, contrat avec la MGM oblige. La rançon de la gloire…

Du moins, elle n'aura pas à regretter de s'être battue pour jouer dans *Une fille de la province*. Sa performance fait l'unanimité auprès de la critique. Après avoir

1. Cité par Wendy Leigh, *op. cit.*

reçu le Golden Globes de la meilleure actrice dans un rôle dramatique, la voici nommée aux Oscars.

En février 1955, William Holden joue le rôle du « remettant » sur la scène du Pantages Theatre plein à craquer. Lorsqu'il ouvre l'enveloppe, Grace est sûre que Judy Garland l'emportera : cette année-là, elle est la grandissime favorite. Une enfant de Hollywood, au sens propre du terme, dont *Une étoile est née* a marqué le grand retour, dans un rôle taillé sur mesure pour obtenir une récompense. L'affaire semble à ce point entendue qu'aucune caméra ne s'avise de filmer Grace à son arrivée sur le *red carpet*.

Mais c'est son nom qu'annonce William Holden, avant de la fixer du regard. À vingt-six ans à peine, Grace Kelly vient de remporter l'Oscar.

— J'ai beaucoup de mal à exprimer ce que je ressens profondément… Je veux dire merci à ceux qui ont rendu cela possible, déclare-t-elle en guise de remerciements.

Interrogé sur la récompense de sa fille, son père Jack commentera sèchement :

— Je n'arrive pas à croire à sa victoire. Non, vraiment, ça me paraît impossible. J'aurais plutôt pensé que cela arriverait à sa sœur Peggy, l'extravertie de la famille. Entre nous, c'est elle qui m'a toujours paru la plus apte à réussir. Ce que Grace pouvait faire, Peggy le réussissait encore mieux.

Aux yeux de Jack, la statuette dorée est une médaille en chocolat à côté de la seule médaille d'or qui compte à ses yeux : celle que lui-même a remportée aux Jeux olympiques.

8

LE COUTURIER DE CES DAMES

Il est aujourd'hui l'empereur du « vintage » et restera à jamais le couturier officiel de Jackie Kennedy, pour qui il créa plus de trois cents robes et inventa le style Camelot. Dans les années 1950, il était avant tout le prince de l'élégance, le roi du raffinement, le monarque de la séduction et le tsar de la débauche chic.

Aristocrate, Oleg Cassini l'est de naissance : fils de la comtesse italienne Marguerite Cassini et du comte russe Alexander Loiewski, né à Paris, il a grandi à Florence, fait un stage chez Jean Patou et ouvert sa première boutique à Rome. À la suite d'un duel, il part s'installer à New York avec, pour tout bagage, « un smoking, deux raquettes de tennis et son talent[1] », avant de s'installer à Hollywood où il crée des costumes pour la Fox. Il épouse Merry Fahrney, héritière d'un fabricant de sirop pour la toux, puis Gene Tierney, dont il divorce en 1952 pour mener une existence d'hédoniste au sein de la jet-set internationale.

Cosmopolite et polyglotte, Oleg Cassini a tout ce qui plaît aux femmes : la beauté, le maintien et le look – une moustache noire taillée avec autant de précision qu'un

---

1. Oleg Cassini, *In My Own Fashion*, Simon & Schuster, 1987.

buisson dans un jardin de Le Nôtre. Quand il a jeté son dévolu sur une proie, il ne la lâche pas : l'idée d'échec lui est insupportable. Avec Grace Kelly, il mettra plus d'un an à parvenir à ses fins, n'hésitant pas à parler de « plus exaltante conquête de [sa] vie, celle qui [lui] demanda un maximum d'énergie et d'imagination[1] ».

Ils se sont rencontrés à New York, entre les deux films d'Hitchcock. Ébloui par sa prestation dans *Mogambo*, il l'a aperçue dans un restaurant français de Manhattan où elle dînait avec son fiancé de l'époque, Jean-Pierre Aumont. Aussitôt, il s'est incrusté à leur table. Le lendemain et les jours suivants, il lui a fait livrer une gerbe de fleurs, sans laisser de carte. Au bout d'une semaine, il l'a appelée :

— Je voudrais parler à Miss Kelly…

— Qui êtes-vous ?

— Votre fleuriste.

Grace lui a accordé un dîner en tête à tête. Par la suite, ils se sont régulièrement revus lors de rendez-vous furieusement romantiques qui lui semblaient hors du temps, même si Oleg Cassini, en bon stratège, ne semblait jamais profiter de son avantage : n'était-ce pas une manière de lui montrer qu'il la plaçait sur un piédestal, à la différence de ses autres conquêtes ? Les femmes, il les consommait ; elle, il la courtisait.

Quand elle repart à Hollywood, Oleg Cassini continue de lui écrire et de l'appeler. Chaque fois qu'elle est triste, déçue, malheureuse, elle trouve en lui une oreille attentive et prévenante. Avant le tournage de *L'Émeraude tragique*, il avait proposé de l'accompagner en Amérique du Sud. Comment ne pas être touchée par

1. *Ibid.*

tant d'attentions, de délicatesse, de persévérance? Mais elle avait refusé. Depuis, les journaux ont annoncé qu'il filait le parfait amour avec la comédienne Pier Angeli, future compagne de James Dean.

Au moment de partir sur la Côte d'Azur, où elle doit tourner *La Main au collet* d'Alfred Hitchcock, elle lui envoie ce bref message: «Qui m'aime me suive.»

*

Pour son quarante-et-unième film, Alfred Hitchcock a choisi de se lancer dans une comédie policière. Un ancien monte-en-l'air est accusé d'avoir repris du service pour dérober des bijoux. Pour s'innocenter, il n'a d'autre solution que d'identifier lui-même le coupable. Une milliardaire américaine en vacances constitue un appât idéal. Sa fille, tombée sous son charme, va l'aider…

> *— Cessez de regarder mes bijoux. Même dans la pénombre, je peux suivre votre regard.*
> *(Gros plan sur le collier et le décolleté.)*
> *— Touchez-les, vous ne pourrez pas leur résister plus longtemps. Vous pouvez avoir tout en même temps.*
> *— Vous savez que ce n'est qu'une imitation.*
> *— Eh bien, ce n'est pas mon cas.*

Entre sous-entendus et quiproquos, dialogues délicatement pervers et course-poursuite, le maître du suspense s'offre là un pur divertissement, une pochade décontractée reposant sur la magie du couple qu'il a réuni pour l'occasion: Cary Grant, le séducteur désinvolte à la mine bronzée, et Grace Kelly, l'héritière en quête de frissons, excitée à l'idée de s'associer avec un homme qu'elle croit être un bandit. Leur affrontement en VistaVision tient de la réaction chimique : quelque chose d'incandescent se dégage de leurs jeux de l'amour et du hasard.

— Grace jouait la comédie comme Johnny Weissmuller nageait, comme Fred Astaire dansait, commentera Cary Grant. Elle donnait la même impression de naturel, de facilité. Certains disaient qu'elle était simplement elle-même. Eh bien ! c'est ce qu'il y a de plus dur à faire quand on est comédien.

Hitchcock – qui a déjà en tête un quatrième film avec elle, une adaptation de *Mary Rose* – a conçu sa mise en scène comme un écrin : quoi de plus logique pour une histoire de bijoux ?

— J'ai voulu que Grace Kelly paraisse particulièrement froide, compassée, explique-t-il. J'ai accentué le classicisme de sa beauté en la filmant le plus souvent de profil. Mais quand Cary Grant la raccompagne à son hôtel, que fait-elle ? Elle l'embrasse à pleine bouche.

Pour la promotion du film, il fera chronométrer le nombre d'heures où son couple s'est embrassé sous l'œil de sa caméra : vingt heures en comptant les différentes prises !

Durant le tournage, Hitchcock n'a d'yeux que pour l'actrice.

— Il s'asseyait sur un petit tabouret en face d'elle, racontera Brigitte Auber, qui joue un rôle secondaire. Il lui indiquait ses intonations, la manipulait comme un charmeur de serpent. On aurait dit un peintre devant sa toile.

Pour ce film ensoleillé, si loin de sa noirceur habituelle, le cinéaste est sorti des studios de Hollywood pour situer l'action sur ce que l'on appelait alors la French Riviera, entre le Carlton à Cannes, le cours Saleya à Nice et l'arrière-pays niçois.

Un jour, Grace aperçoit le palais de Monaco.

— À qui appartient-il ? demande-t-elle.

— Au prince Rainier, répond John Michael Hayes, le scénariste, également du voyage. Un type assez guindé, paraît-il.

— J'aimerais bien voir ses fleurs…

*

Bien décidé à profiter de la gastronomie française, Hitchcock a perdu cinq kilos avant le tournage. Le temps de descendre en voiture sur la Côte d'Azur en faisant halte à toutes les bonnes tables, il les a regagnés.

Un air de vacances régnera tout au long du tournage en extérieurs : le réalisateur est venu avec Alma, sa femme, et Cary Grant avec la sienne, Betsy Drake. Au début, Grace est seule : Oleg Cassini a dû rebrousser chemin à l'aéroport car son passeport est périmé. Il ne tarde pas à la rejoindre et, le 12 juin 1954, Grace peut écrire à Prudy Wise :

> *Oleg est arrivé ici samedi dernier. Nous avons déjeuné et dîné ensemble presque tous les jours. Pas de vibrations violentes, mais c'est si agréable d'avoir de la compagnie et il connaît la plupart des gens de la Paramount. Le temps est magnifique. Je passe tout mon temps libre au casino. Hitch a bien sûr trouvé tous les restaurants. Alors nous passons beaucoup de temps à manger et il est très difficile de garder une allure décente en maillot de bain.*

Alfred Hitchcock a l'habitude de voir l'actrice avec un homme différent à chacun de ses films.

— Ah! cette Grace, déclarera-t-il un jour, elle a baisé avec tout le monde[1]!

En fait, il est fasciné par cette catholique qui vit sa sexualité sans culpabilité – tout le contraire de lui. Mais entre Grace et Oleg, la chasteté reste de mise. Lui se contente de jouer les chevaliers servants. Un soir où ils ont dîné en tête à tête dans un restaurant de poissons sur le port de Cannes, Grace se lance :

— Eh bien, monsieur Cassini, vous m'avez suivie à l'autre bout du monde. Qu'avez-vous à dire pour votre défense[2]?

— Je serais heureux de poursuivre notre relation telle qu'elle est, ou dans une autre direction si vous le souhaitez, y compris le mariage. Que désirez-vous?

— Être votre femme.

— C'est comme si c'était fait.

Une apothéose? Oui. Pourtant, c'est à cet instant que leur relation commence à se dégrader. Après ce long chassé-croisé, la suite ne peut qu'être banale. Et puis leur idée du mariage n'est pas la même : pour Oleg, est une manière de théâtraliser une histoire d'amour, de conjuguer le vice et la vertu, d'organiser une fête dont il est l'un des épicentres ; pour Grace, c'est une fin en soi. Il la voit comme une femme indépendante et libre d'esprit, or ses aventures n'ont été que les brouillons chaotiques d'une femme qui cherche à se caser. Il l'imagine comme une star en quête d'exceptionnel, c'est une petite-bourgeoise qui se consacre aux préparatifs de

---

1. Cité par Robert Lacey, *Grace*, Éditions de la Seine, 1995.
2. Oleg Cassini, *op. cit.*

la noce avec « l'enthousiasme fébrile de la collégienne américaine moyenne », comme il le reconnaîtra.

Bien plus conventionnelle que sa vie ne le laisse à penser, Grace n'est jamais parvenue à s'émanciper de sa famille. Face aux siens, elle redevient une petite fille. Oleg va le découvrir à ses dépens.

— Je dois écrire à la maison pour les prévenir, lâche-t-elle. Maman sera de mon côté, j'en suis sûre. Il y aura peut-être quelques difficultés avec mon père. Tu n'es pas exactement son type…

À peine est-il question de mariage que Grace se met en tête de préserver les apparences. À la fin du tournage, alors qu'elle rentre avec l'équipe en bateau, elle demande à Oleg de prendre l'avion. Mais la rumeur d'une romance entre l'actrice et le couturier de ces dames a déjà franchi l'Atlantique. Les commères s'en donnent à cœur joie.

Prenez Hedda Hopper : on la presse, il en sort du fiel. La reine du cancan grinçant, qui quelques mois plus tôt traitait Grace de « nymphomane », s'étonne que « l'angélique Miss Kelly » ait choisi « le diabolique M. Cassini ». Un autre jour, elle enfonce le clou : « Alors qu'il y a dans cette ville tant d'hommes séduisants, je ne comprends pas ce que Grace Kelly trouve à Oleg Cassini. Ce doit être sa moustache. » En réponse, Oleg lui enverra ce télégramme : « Ma chère Hedda, j'abandonne la partie. Je raserai ma moustache si vous rasez la vôtre. »

*

À Philadelphie, Jack et Margaret Kelly sont une nouvelle fois accablés par ce qu'ils considèrent comme la dernière lubie de leur fille. Après des acteurs, un couturier play-boy : et pourquoi pas un patron de beuglant ?

Afin de nouer contact, Oleg invite Grace et sa mère à déjeuner.

— Nous ne vous considérons pas comme un parti souhaitable, monsieur Cassini, tranche Margaret. Nous estimons du devoir de Grace envers elle-même, envers sa famille et envers la paroisse de reconsidérer ce choix.

Pas du genre à se laisser humilier, Oleg, en bon tennisman, monte à la volée et renvoie Margaret à ses propres plaies :

— Il n'y a pas d'homme séduisant – y compris votre époux – qui n'ait eu de succès auprès du sexe opposé. Pourquoi me pénalisez-vous pour mon succès ?

C'est bien la première fois qu'un prétendant de Grace lui tient tête. Au moins a-t-il du caractère. De l'audace, même.

— Nous proposons un moratoire de six mois, concède Margaret. Le temps pour Grace de voir si ce n'était que l'Europe, ou votre charme, ou cette façon dont vous l'avez poursuivie…

Invité à passer le week-end à Ocean City, dans la résidence d'été des Kelly, Oleg reçoit un accueil réfrigérant : tout juste n'y a-t-il pas d'oursins dans la marmelade. On l'installe dans une pièce minuscule, « un placard », auquel on n'accède que par la chambre des parents, afin de contrôler ses moindres faits et gestes. Quant à Jack, il refuse obstinément de lui adresser la parole et feint de ne pas entendre Oleg lorsque celui-ci lui parle. D'une certaine façon, il a pourtant mis de l'eau dans son vin, lui qui avait juré de tuer « ce rital » s'il mettait les pieds chez lui !

— J'aimerais mieux qu'elle sorte avec des hommes un peu plus sportifs, mais elle ne m'écoute plus, commentera-t-il dans la presse.

Blessé dans son orgueil, certain qu'il ne parviendra pas à retourner la situation, Oleg est également désorienté par l'attitude de Grace : pas un instant elle n'a pris son parti. Elle l'a abandonné dans l'arène après l'y avoir jeté. Lâcheté ? Non : refus de s'opposer à ce père dont elle cherche depuis toujours l'approbation. Quitte à se fourvoyer. Penser qu'il accepterait de voir sa fille épouser un homme deux fois divorcé sous prétexte qu'étant orthodoxe ses deux précédents mariages ne compteraient pas, cela ressemble à une sorte de déni. À croire qu'elle a toujours choisi ses fiancés pour qu'il les repousse et lui donne l'impression, malgré tout, de s'intéresser à elle. N'a-t-elle pas renoncé d'elle-même à se marier avec Bing Crosby, le seul qui fût acceptable selon les critères paternels ?

— Le plus stupéfiant, confiera Don Richardson à James Spada, c'est que, tout le temps où je l'ai connue, jamais Grace ne m'a parlé de son père en termes négatifs. Elle l'a constamment défendu, en dépit du mal qu'il a pu lui faire.

*

Loin d'Ocean City, Grace redevient elle-même. Lorsqu'elle rejoint Hitchcock à Hollywood pour les scènes en studio de *La Main au collet*, elle loue une maison, mais elle habite la plupart du temps chez Oleg. De retour à New York, le couple multiplie les week-ends à Long Island et, lors d'un aller-retour en solo à

Los Angeles pour rencontrer les patrons de la MGM, Grace écrit à Oleg :

> *Mon amour,*
>
> *Je suis impatiente de te voir, maintenant que je sais que je veux t'épouser. Nous avons tant de choses à apprendre l'un sur l'autre, il y a tant de choses que je veux que tu saches sur moi. Nous devons être patient l'un avec l'autre et progresser lentement sans chercher à obtenir de résultats trop rapides. Mais nous avons besoin l'un de l'autre et nous devons être totalement honnêtes, toujours. Je me sens pour la première fois prête à aborder l'amour et le mariage de manière adulte.*
>
> *En novembre dernier, j'ai touché le fond, je ne me serais jamais crue capable de penser et de ressentir cela aujourd'hui. Grâce à Dieu, j'avais mon travail pour m'aider, et Dieu merci tu étais là. Mais cette année, ces six films m'ont tant éprouvée physiquement et émotionnellement qu'il me faudra un moment pour me rétablir. Je t'en prie, mon amour, tâche de me comprendre et de m'aider, je t'aime davantage chaque jour et j'espère que toi aussi. Un jour, tu m'as dit que tu ne pouvais pas m'aimer plus que tu ne m'aimais déjà. Cela m'a terriblement troublée car j'espère tellement que nous ne cesserons jamais de voir croître et embellir notre esprit, notre âme et notre amour pour Dieu et l'un pour l'autre, et que chaque jour nous rapprochera. Je t'aime et veux être ta femme*[1].

Grace est-elle prête à braver les diktats familiaux? Aura-t-elle le cran de se marier envers et contre tout? A-t-elle atteint le point de non-retour? Un temps, Oleg

---

1. *Ibid.*

l'espère. Il trouve en Virginie un prêtre catholique disposé à les marier à l'église. La cérémonie aura lieu dans le plus grand secret, en toute intimité. Mais l'un comme l'autre semblent de moins en moins prêts à franchir le pas.

— Nous hésitions tous les deux, expliquera Oleg. Puis le moment psychologique est passé…

9

Mise à pied

En novembre 1954, Grace Kelly fête ses vingt-cinq ans : l'heure des premiers bilans. En apparence, c'est une star comblée : sa carrière est au zénith. Pourtant, elle est en proie à une profonde insatisfaction. Sa vie ne correspond pas à ses aspirations. En quête d'indépendance, elle se heurte d'une part à la rigidité de Hollywood, de l'autre à la raideur de ses parents.

Derrière son apparente froideur, elle s'est toujours montrée rieuse, chaleureuse, aérienne avec son proche entourage. Mais la mélancolie s'est emparée d'elle. Un ouvrage de photos publié en 2006, avec l'accord de son fils, la décrit comme « fantasque, irritable et d'humeur instable ». Il y est question d'« accès de larmes » et de « perte d'appétit[1] ». Le mot n'est pas écrit, mais ce sont là tous les symptômes de la dépression.

Pour se donner l'impression d'aller de l'avant, elle quitte Manhattan House pour s'installer dans un appartement qui occupe l'intégralité du septième étage du 988, 5e Avenue, à la hauteur de la 80e Rue, à un bloc de l'ambassade de France. Quatre cents mètres carrés aux

1. Yann-Brice Dherbier, Pierre-Henri Verlhac, *Grace Kelly, les images d'une vie*, Phyb, 2006.

moulures Art déco, une hauteur de plafond de trois mètres et un loyer prohibitif, mais la vue sur Central Park est offerte ! Avec l'aide du décorateur George Stacey, elle court les antiquaires pour garnir les onze pièces aux murs bleu pâle et blanc cassé – dont quatre chambres – de meubles de style Louis XV et de tapis de soie. Fini la jeune fille en transit : plus qu'un appartement de star, c'est avant tout celui d'une femme qui veut se poser pour entamer une nouvelle période de son existence. Une femme qui a de plus en plus envie de fonder un foyer, de se marier et d'avoir des enfants.

Oleg ? Il est toujours dans sa galaxie, mais elle est trop fine pour ne pas voir que leur histoire est sans issue. Paradoxalement, elle ne peut se raccrocher à sa carrière comme à une bouée de sauvetage, n'ayant alors aucun projet. Non que la MGM la dédaigne – le studio lui a notamment proposé *La Loi de la prairie*, un western avec Spencer Tracy, ainsi qu'un film d'aventures sur la révolte des Mau Mau au Kenya. Ce ne sont pas de mauvais scénarios, mais des scripts où elle ne parvient pas à trouver sa place. Ce qui l'intéresse, c'est de jouer des personnages, pas d'être une valeur ajoutée.

— Je ne veux pas servir de poupée à habiller qui aurait ma figure. Si l'on commence à m'utiliser comme décor, je ne vais pas rester sans réagir[1].

Sa réaction est simple : solliciter un nouveau « prêt ». La Warner prépare *Géant* de George Stevens. Pour l'occasion, la MGM a accepté de libérer Elizabeth Taylor, mais cette dernière a du mal à se remettre de

1. *Time*, 31 janvier 1955.

son dernier accouchement. Le réalisateur envisage de la remplacer par Grace. Deal contre deal… à ceci près que la MGM refuse.

— Nous n'avons pas l'intention de prêter Grace Kelly pour *Géant* ni pour aucun autre film, explique Dore Schary, qui vient de prendre la direction de la production. Nous estimons que Miss Kelly a certaines obligations envers nous. Après tout, nous avons été les premiers à lui donner sa chance.

Un télégramme l'enjoint de se présenter chez le producteur de *La Loi de la prairie*. Elle ne s'y rend pas. Second télégramme comminatoire, toujours pas de Grace. La réaction ne tarde pas: son contrat est suspendu. Plus de salaire, mais aussi interdiction formelle de tourner avec d'autres, sous peine de poursuites judiciaires. Face au comportement d'une actrice remettant en cause les fondements mêmes d'un système hollywoodien qui se fissure de toutes parts, la MGM ne peut réagir autrement, faute de quoi toute son écurie de comédiens s'engouffrera dans la brèche.

Mais le studio se prend les pieds dans le tapis de la communication: c'est Grace qui révèle sa mise à pied à la presse. La Metro ne peut que confirmer. L'affaire tombe on ne peut plus mal: la nomination de Grace aux Oscars pour *Une fille de la province* vient renforcer l'ubuesque de la situation. Tous les journaux ne parlent que d'elle. Chacun cherche à percer son mystère, en vain, ainsi que Pete Martin le résume dans le *Saturday Evening Post*:

> *La difficulté avec Grace Kelly, c'est que l'on peut interroger trente-six personnes – y compris elle-même – et rester dans le brouillard. Vous parlez avec*

ceux qui l'ont vue travailler, avec sa famille, avec ses amis et, au bout du compte, vous constatez qu'elle vous échappe totalement. Écrire sur elle, c'est essayer d'envelopper de la fumée dans du papier.

Méfiante, incapable de se confier à des journalistes qu'elle ne connaît pas, Grace se mure dans sa coquille. Toujours affable et polie, elle est la reine de l'esquive. La réserve est – déjà – son royaume. En interview, elle se fait plate comme une flaque d'eau. Si l'on demande à Marilyn ce qu'elle porte la nuit, la réponse fuse : « Chanel n° 5. » Grace préfère botter en touche : « Cela ne regarde que moi. » Jamais une anecdote, jamais un trait saillant, jamais une confidence sur sa vie privée : la mauvaise cliente par excellence.

Cette constante retenue renforce son image de beauté froide, snob et distante. On ne lui connaît même pas de caprice. Tous les témoignages convergent : Grace est consciencieuse et travailleuse, professionnelle jusqu'au bout de ses gants d'agneau. On ne vend pas des journaux avec les actrices qui arrivent à l'heure au studio…

En revanche, dès qu'elle apparaît en photo, elle irradie. Elle prend la lumière comme personne. Cette année-là, elle convie le photographe Howell Conant à la Jamaïque, où elle passe quelques jours de vacances avec sa sœur Peggy. Sur la plage, il lui suggère d'émerger de l'eau, telle une sirène, les cheveux mouillés, sans maquillage.

Dès sa parution dans *Collier's*, le cliché en Kodachrome fait sensation, comme le reste du reportage qui la montre en train de manger une orange ou simplement vêtue d'une chemise d'homme, à l'opposé de la manière figée dont on photographie alors les stars. Grace n'est pas vue comme une icône qu'il faut idéaliser avec des vêtements sophistiqués, des maquillages travaillés, des éclairages recherchés et des retouches qui feraient passer Photoshop pour un logiciel du Moyen Âge. Elle est au naturel : divinement belle, vivante, vibrionnante, incroyablement proche. Derrière l'actrice, la femme. On ne dira plus qu'elle est lointaine, hautaine, inaccessible.

À sa manière, Grace Kelly bouscule une fois de plus les règles de Hollywood. Désormais, toutes les actrices voudront être photographiées par Howell Conant…

*

Vêtue d'une robe de soirée vert pastel en satin duchesse, Grace Kelly remporte donc l'Oscar en mars 1955. Ce soir-là, elle est accompagnée de la costumière Edith Head et du chef de production de la Paramount, Don Hartman. Nul fiancé à ses côtés. Des années plus tard, lorsqu'elle évoquera cette soirée, son souvenir se teintera de tristesse. De retour dans son bungalow du Beverly Hills Hotel après avoir dîné chez Romanov, c'est seule qu'elle contemple son trophée posé sur la cheminée.

— J'étais malheureuse. Je connaissais la gloire, mais la gloire n'est qu'une coquille vide si vous n'avez personne avec qui partager ce moment.

Depuis plusieurs semaines, sa relation avec Oleg Cassini s'effiloche. Pas tant à cause de ce fichu mariage, mais, comme il le reconnaîtra, « à cause de mon fichu caractère et de quelques horribles disputes, le plus souvent de mon fait ». Le coureur de jupons s'est découvert jaloux. Vieux schéma : le volage ne peut imaginer que l'autre ne le soit pas. Un dîner avec Bing Crosby a mis le feu aux poudres. Grace lui écrit :

> *Tu m'as fait tellement de peine que je pourrais en mourir. Il est incroyable que tu te conduises comme un gosse sous prétexte que j'ai dîné avec Lizanne et les Crosby. Si je sortais seule avec Bing, tu aurais raison… mais jamais je ne ferai cela, car personne d'autre que toi ne m'intéresse. Je ne devrais pas avoir à te l'expliquer.*
>
> *Je t'en prie, ne me demande pas de renoncer aux rares amis que j'ai ici.*

Son Oscar aura au moins l'avantage de redistribuer les cartes sur le plan professionnel. La MGM croyait qu'elle appartenait à Hollywood. C'est le contraire : désormais, c'est Hollywood qui lui appartient. Dore Schary – qui a levé sa « suspension » une semaine plus tôt ! – la rappelle pour lui proposer de tourner à l'automne dans *Le Cygne*, d'après la pièce de Ferenc Molnár, rôle qu'elle avait déjà interprété pour la télévision. Une idée qu'elle lui avait suggérée quelques mois plus tôt et qu'il avait refusé… Pour la première fois, son nom apparaîtra en tête de générique.

En attendant, elle continue d'aménager son nouvel appartement où elle commence à organiser des dîners. Une secrétaire à temps plein s'occupe désormais de ses affaires courantes.

Un jour, de passage à New York, Jean-Pierre Aumont se rappelle à son bon souvenir. Il doit bientôt participer au Festival de Cannes. Justement, on l'a conviée sur la Croisette pour la présentation d'*Une femme de province.* Elle a d'abord refusé, mais au côté de son *French lover*, ce serait comme une semaine de vacances…

Cette année-là, les stars du festival sont Brigitte Bardot, Sophia Loren et Gina Lollobrigida. Dans les rues de Cannes, Grace et Jean-Pierre Aumont se promènent entre deux projections. Un reporter interpelle l'acteur français dans le hall du Carlton :

— Seriez-vous heureux d'épouser Grace Kelly ?

— Qui ne le serait ? répond-il avec un grand sourire.

Un autre demande à Grace :

— Seriez-vous prête à épouser un Français ?

— L'amour n'est pas une question de nationalité…

Dès lors, les journalistes ne les quittent plus, guettant le moindre geste de tendresse. Les caméras sont là quand il l'initie à la pétanque, lui offre un chapeau de paille ou lui fait visiter les ateliers de poterie de Saint-Paul-de-Vence. Dans la presse française et américaine, la mort d'Einstein, la même semaine, occupe moins de place que leur romance – curieuse illustration de la théorie de la relativité !

De retour de Cannes, les deux tourtereaux prennent des suites communicantes à l'hôtel Raphaël. À Paris, il lui fait visiter Montmartre et Saint-Germain, comme elle lui avait fait visiter Greenwich Village deux ans plus tôt. Il l'invite au cœur du parc de la Malmaison, où il partage une maison avec son frère François, sa belle-sœur et leurs enfants. Il lui présente aussi sa fille, Tina, future comédienne et reine de l'underground des années 1970. Grace joue avec elle, écoute des disques, tricote entre deux éclats de rire.

Jean-Pierre Aumont a l'art de prendre la vie avec gaieté. Son insouciance et son optimisme la changent des hommes qu'elle a connus. Elle aime cette famille unie et joyeuse. Hélas, elle doit déjà repartir aux États-Unis : sa sœur Lizanne doit se marier avec son amour de jeunesse. Son père a fini par y consentir, bien qu'il soit juif. N'est-ce pas la preuve qu'il peut s'accommoder des choix de ses filles ?

Grace et Jean-Pierre s'écrivent et découvrent les aléas des communications téléphoniques longue distance. Ils doivent attendre l'automne pour se retrouver, mais, loin de la France, cette parenthèse ensoleillée, Grace a perdu de sa légèreté, de son entrain, de son enthousiasme. La magie n'opère plus. Il n'est plus question de mariage. Leurs vies sont trop différentes.

— J'étais juif, j'avais une petite fille, j'étais français, commentera-t-il, ajoutant pudiquement que les parents Kelly avaient fait « des histoires épouvantables[1] ».

Grace est de nouveau un cœur à prendre.

---

1. Cité par Robert Lacey, *op. cit.*

SECONDE PARTIE

LA PRINCESSE DÉRACINÉE

10

La demande en mariage

Dans l'atmosphère enfumée de la conférence de rédaction de *Paris Match*, rue Pierre-Charron, à deux pas des Champs-Élysées, on s'interroge : comment traiter la venue au Festival de Cannes de Grace Kelly, dernière lauréate de l'Oscar de la meilleure actrice ? Il faut un « angle » original. Quelque chose que l'on n'ait jamais lu – et encore moins vu. *Paris Match*, c'est déjà le poids des mots et le choc des photos. Gaston Bonheur, rédacteur en chef, tranche :

— Organisons une rencontre avec Rainier. La nouvelle reine de Hollywood et le prince de Monaco…

Pierre Galante, responsable des pages cinéma, encaisse le coup. Durant la guerre, le journalisme a servi de couverture à ses activités dans la Résistance. L'homme est habile et sait jouer de son carnet d'adresses, mais, en matière de reportages, il a connu plus simple. Monter un tel sujet repose toujours sur un double bluff : il s'agit de faire croire à l'un que l'autre est d'accord, et vice versa. Il commence donc par envoyer une demande au palais monégasque. Grace ? Il verra bien sur place…

Pierre Lazareff disait : « Chez un journaliste, la malchance est une faute professionnelle. » En plus d'être un professionnel reconnu, Pierre Galante est un veinard. Son physique hollywoodien et son allure toujours tirée à quatre épingles ont tapé dans l'œil d'Olivia de Havilland, la star d'*Autant en emporte le vent*. Ils se sont mariés un mois plus tôt et c'est par le mythique Train bleu qu'ils rejoignent, de nuit, la Croisette. Grace se trouve dans le même wagon avec son amie, l'habilleuse Gladys de Segonzac – Jean-Pierre Aumont, lui, est déjà à Cannes.

La conversation ne tarde pas à s'engager. Dans la catégorie rébellion contre les studios, Olivia de Havilland mérite un Oscar : la Warner ayant ajouté à la durée de son contrat les périodes durant lesquelles elle était suspendue pour avoir refusé un rôle, elle a porté l'affaire devant la Cour suprême de Californie… et l'a emporté. La décision fait désormais jurisprudence.

Au moment opportun, Pierre Galante se lance :

— Que diriez-vous d'aller passer un après-midi à Monaco et de rencontrer le prince ?

— Pourquoi pas !

Dès son arrivée, le journaliste rappelle le Palais, qui a donné son accord de principe. La seule date possible est le lendemain même, à 16 heures. Le rendez-vous convient à Grace. Mais, en début de matinée, elle rappelle Pierre Galante pour se décommander : elle vient d'apprendre qu'elle doit présider une réception de la délégation américaine à 17 h 30. Nouveau coup de fil au Palais : Rainier a un déjeuner à Beaulieu, mais il fera son possible pour être là à 15 heures. Va pour Monaco !

À 13 h 30, Pierre Galante est dans le hall du Carlton. Grace apparaît dans une robe de taffetas noire imprimée de fleurs roses et vertes qu'elle conservera toute sa vie – elle sera présentée lors de l'exposition organisée à

Monaco en 2007. En réalité, elle n'avait pas le choix : c'était la seule à être repassée, et une grève a privé l'hôtel d'électricité toute la matinée. Elle n'a pas même pu utiliser son sèche-cheveux. Nouveau hic : elle ne porte pas de chapeau. Pas très protocolaire… Gladys de Segonzac improvise une coiffure avec une tiare de fleurs artificielles.

À 13 h 45, Grace s'engouffre dans la Studebaker flambant neuve du représentant de la MGM, Elias Lapinière. De plus en plus nerveux, il pile à un feu rouge, la Peugeot des photographes ne peut l'éviter et s'encastre dans le pare-chocs. Ce n'est qu'un peu de tôle froissée… Une heure plus tard, Grace arrive à Monaco. Elle n'a pas déjeuné, un jambon-beurre et un soda acheté au bar de l'Hôtel de Paris feront l'affaire.

Le prince Rainier est en retard. Son aide de camp fait visiter à Grace les jardins du Palais.

— Comment faut-il l'appeler ? demande-t-elle. Parle-t-il anglais ? Quel âge a-t-il ?

Michou Simon et Edward Quinn, les deux photographes, sortent leur appareil et commencent à shooter. Sur l'un des clichés, elle a le regard fixe, on perçoit son attente. 15 h 45, il n'est toujours pas là. Si l'exactitude est la politesse des rois, elle n'est pas forcément celle des princes…

— Je ne peux me permettre d'être en retard à cette réception, allons-nous-en !

Au même moment, Rainier fait son entrée dans la cour d'honneur au volant de sa Lancia coupé. Il porte un costume en gabardine bleu marine et un pantalon fuseau.

Dans *Paris Match*, Pierre Galante se souviendra des coulisses de leur rencontre : « Pour la dernière fois, Grace répète dans un coin sa révérence de cour. Peine perdue car, devant le souverain, elle se borne à l'esquisser. La simplicité et le sourire bon enfant de Rainier la surprennent et la mettent à l'aise. Il paraît intimidé, s'excusant d'être en retard. Grace et Rainier marchent dans les jardins. Le prince baisse les yeux, regarde par terre. Les joues de Grace sont légèrement roses. Rainier lui montre ses fauves enfermés dans les cages. Il passe un bras à travers les barreaux et caresse le tigre qui montre ses dents. Grace regarde la scène, son visage est transformé, ses yeux agrandis contemplent avec un certain désir ce jeune homme qui avec un courage sans forfanterie risque une blessure grave[1]. »

Une dernière photo, il faut se dépêcher, on attend Grace à Cannes et elle déteste être en retard. En tout et pour tout, la visite a duré trois quarts d'heure.

Dans la voiture du retour, elle regrette que tout ait pris plus de temps que prévu, mais elle dira le soir même à Jean-Pierre Aumont :

— *He is charming, a very charming man indeed.*

Elle ne sait pas qu'elle vient de visiter son royaume. Ni qu'elle vient de trouver son prince charmant, dans tous les sens du terme.

*

Il est l'un des plus beaux partis du gotha, l'un des célibataires les plus convoités de la planète, l'homme qui fait rêver les Européennes. Il aime vivre, s'amuser et danser, affiche son goût pour les voitures de sport, le

1. *Paris Match*, 24 septembre 1982.

golf et les régates. Derrière son allure bonhomme, il en impose. Il présente bien.

Issu d'une famille génoise presque millénaire, Son Altesse Sérénissime le prince Rainier III de Monaco est le descendant de François la Malice qui, en 1297, s'empara du Rocher en se faisant passer pour un moine franciscain : on avait abaissé le pont-levis pour lui offrir l'hospitalité, il avait sorti l'épée cachée sous sa robe de bure pour décapiter les gardes et ses troupes s'étaient engouffrées à sa suite.

En 1949, à la mort de Louis II, son grand-père, Rainier prend les rênes du pouvoir, sa mère, la princesse Charlotte, ayant renoncé à faire valoir ses droits à la succession. Il n'a pas vingt-six ans et n'a qu'une idée en tête : redonner lustre et richesse au deuxième plus petit État au monde après le Vatican. Un territoire grand comme les deux tiers de Central Park, « un endroit ensoleillé pour gens de l'ombre », en a dit Somerset Maugham.

Au moment de son accession au pouvoir, le casino suffit encore à dispenser d'impôt les Monégasques, mais sa fréquentation baisse et les équipements publics sont dans un piètre état. Quant à la réputation de la principauté, elle s'est considérablement flétrie pendant la guerre : Louis II s'est en effet rapproché de Vichy et a signé des lois antijuives, ce qui n'empêchera pas l'occupation du Rocher par les Italiens, puis par les nazis. Rainier, lui, s'est engagé en 1944 dans l'armée française. Soldat de deuxième classe au 7e régiment de tirailleurs algériens des troupes d'Afrique, il a participé à la campagne d'Alsace, ce qui lui vaudra la croix de guerre française et la *Bronze Star* américaine. C'est un homme neuf, mais aussi un novateur : décidé à développer le tourisme international, il n'a pas hésité à faire entrer le milliardaire grec Aristote Onassis dans la Société des bains de mer, cœur nucléaire de l'activité économique.

Timide, introverti, surnommé « le prince triste », Rainier a été blessé à jamais par la séparation de ses parents, lorsqu'il avait six ans. Faute de cocon familial, il a fréquenté les pensionnats anglais les plus austères, telles la Summer Fields School à St Leonards-on-Sea – douches froides et corrections à coups de canne – ou la Stowe School à Buckingham – dont il tentera de fuguer –, avant de poursuivre ses études au Rosey, l'une des meilleures écoles privées suisses.

Cinq années durant, Rainier a entretenu une liaison avec la comédienne Gisèle Pascal, rencontrée à l'époque où il était étudiant à Montpellier. Leur liaison aurait pu déboucher sur un mariage, si l'entourage du prince ne s'y était opposé : fille d'un fleuriste, elle n'était pas bien née. Pis : on l'avait surprise en train de roucouler d'un peu trop près avec Gary Cooper. Depuis leur rupture en 1953, Rainier mène « une vie de vieux garçon, vide et solitaire », selon ses propres mots.

— Je ne peux sortir sans être suivi, épié, ni alimenter les ragots, dit-il. Chaque fois que l'on me voit avec une femme, quelqu'un lance une rumeur sur une prétendue liaison.

Onassis rêve pour lui d'un mariage plein de paillettes qui attirerait l'attention sur la principauté, « cette légende en déclin ». Une star hollywoodienne ferait une pub idéale pour ses hôtels et ses tapis verts. Pour le milliardaire grec, tout s'achète, à commencer par les femmes : ne fera-t-il pas spécifier, quand il épousera Jackie Kennedy, la fréquence de leurs rapports sexuels dans l'acte de mariage ? Son entourage est donc prié de contacter Marilyn Monroe, qui commence par répondre : « C'est où, Monaco ? » avant d'ajouter : « Il est riche ? » Quand on lui fait remarquer qu'il lui faudra d'abord plaire au prince, elle rétorque : « Donnez-moi deux jours avec lui et il voudra m'épouser. » Mais Marilyn ne rencontrera jamais Rainier : trop directe pour cet univers feutré.

Dans les jours suivant sa rencontre avec Grace Kelly, le prince Rainier confie au père Francis Tucker le plaisir qu'il a eu de rencontrer la jeune actrice. Ce dernier est bien plus que son chapelain : originaire du Delaware, polyglotte, membre de l'ordre de Saint-Vincent-de-Paul, ce quinquagénaire pétulant et espiègle, qui fréquente la plage en maillot de bain noir, s'est imposé comme son conseiller le plus proche, voire comme un père de substitution – n'appelle-t-il pas le prince « fiston » en privé ?

Souhaitant concilier les souhaits d'Onassis et le refus de Rainier d'un mariage arrangé, le père Tucker, cupidon improvisé, avait dressé une liste de prétendantes où figuraient la princesse Margaret, sœur d'Elizabeth II d'Angleterre – mais elle était anglicane –, ainsi que les actrices Deborah Kerr, Eva Marie Saint et Natalie Wood. Jusque-là, Rainier avait toujours opposé une fin de non-recevoir. Il éprouvait une méfiance envers les gens de cinéma et leur esbroufe. Mais, en se promenant dans ses jardins avec Grace Kelly, il a été charmé par sa beauté, son allure, sa spontanéité, sa franchise, son éducation. Il n'a pas senti chez elle cette manière de tout ramener à soi qui est le penchant naturel des actrices. Rétrospectivement, une photo du reportage de *Paris Match* est éloquente : Grace est au premier plan, de trois quarts dos ; à l'arrière-plan, Rainier la regarde comme s'il la jaugeait, tel un metteur en scène en plein casting…

Tout en diligentant une discrète enquête sur Grace et sa famille, le père Tucker prend l'initiative d'écrire à l'actrice : « Je voudrais vous remercier d'avoir montré au prince ce que pouvait être une jeune catholique américaine et vous sais gré de la profonde impression que vous lui avez laissée. »

De son côté, Grace a envoyé un petit mot au prince pour le remercier de son accueil. Il lui répond aussitôt, et les petits mots succéderont les uns aux autres, de plus en plus longs, de plus en plus complices, de plus en plus intimes. Quelle est la teneur de leur correspondance ? Rainier assurera ne pas avoir gardé les lettres de Grace ; les siennes n'ont jamais été rendues publiques.

— Elles sont peut-être mon dernier jardin secret, dira-t-il un jour.

*

À l'automne, Grace Kelly a repris le chemin de Los Angeles pour *Le Cygne*, réalisé par Charles Vidor, le réalisateur de *Gilda* avec Rita Hayworth. Elle s'est installée dans une maison de style Régence louée sur les collines de Hollywood. La MGM n'ayant pas souhaité reconstruire en studio un palais princier européen, c'est en Caroline du Nord que se déroule la fin du tournage. La famille Vanderbilt, aussi douée pour gagner de l'argent que pour le dépenser, y a fait construire la plus grande demeure privée des États-Unis : deux cent cinquante pièces, dont trente-quatre chambres. Une bâtisse de style néo-Renaissance inspirée des châteaux de la Loire, notamment celui de Blois.

— Un peu trop grandiose pour moi ! s'exclame Jay Kanter, son agent, venu rendre visite à Grace.

— Oh, moi, j'adore ça ! lui réplique-t-elle.

Dans *Le Cygne*, cette « merveilleuse histoire d'amour d'une princesse qui apparaît en déshabillé de dentelle », pour reprendre le slogan publicitaire du film, Grace incarne la princesse hongroise Alexandra, amoureuse d'un beau roturier (Louis Jourdan), mais promise à un mariage de raison avec le prince Albert (Alec Guinness, qui porte à l'écran la même moustache que Rainier à la ville). Dans une scène, sa mère lui conseille :

> — *Tu dois prouver à Albert que tu possèdes toutes les qualités qu'il recherche chez une épouse. Une épouse qui partagera un jour son trône. Être gracieuse et digne, chaleureuse, charmante et amusante, douce et pure car l'un des premiers devoirs d'une reine est de toujours mettre les gens à l'aise.*

Tout le script semble en résonance avec ce que Rainier attend d'elle. C'est ainsi qu'Alec Guinness lui lance :

> — *Rappelez-vous ce qu'est un cygne : il glisse comme un rêve, silencieux, immaculé, majestueux. Ainsi devez-vous être, ma chère Alexandra, la tête haute, glissant, indifférente, parmi les foules étonnées.*

Dès la fin octobre, Rainier comprend que Grace n'est pas insensible à sa personne. Leur relation peut-elle déboucher sur un mariage ? Il lui faut se jeter à l'eau tout en rivalisant de précautions : si Grace l'éconduit, personne ne doit le savoir. Il doit aussi se couvrir auprès du gouvernement français, lequel, selon le traité franco-monégasque de 1918, est censé donner son autorisation. Pas question de citer le nom de Grace : il parlera d'« une Américaine »…

En novembre, Rainier annonce donc qu'il doit se rendre aux États-Unis. Officiellement pour passer un check-up – c'est alors le comble du chic pour les gens aisés – et pour aller pêcher au gros au large de la Floride. Le 8 octobre, il embarque au Havre et arrive le 15 à New York, accompagné du père Tucker, qui doit aller rendre visite à sa famille à Wilmington, et du Dr Donat, un médecin niçois qui doit donner une conférence à l'hôpital universitaire Johns-Hopkins, où le prince passera ses examens.

Les caméras de télévision l'attendent au pied du paquebot :

— Allez-vous épouser Grace Kelly ?

— Je l'ai simplement rencontrée lors de sa visite au palais, pendant le dernier Festival de Cannes. C'est tout…

— Sinon, quel est votre type de femme ?

— Je ne sais pas (rire embarrassé). La meilleure ! Belle, intelligente, charitable… Il faut qu'elle ait beaucoup de qualités car j'ai mauvais caractère.

Par l'intermédiaire de membres de la haute société de Philadelphie venus passer quelques jours dans la principauté à l'automne, sans qu'il y ait de lien de cause à effet, le père Tucker a fait en sorte que Jack Kelly invite le prince Rainier à dîner le soir de Noël. Le tournage du *Cygne* ayant pris du retard, Grace Kelly arrive à Philadelphie quelques heures avant que le prince, en compagnie du père Tucker et du Dr Donat, emprunte l'allée en arc de cercle du 3901 Henry Avenue. Elle est tendue : jusque-là, elle n'a passé que trois quarts d'heure avec lui. N'a-t-elle pas fantasmé leur relation ?

Au cours du dîner, « Ma » enchaîne les gaffes : elle confond *Monaco* et *Morocco* (Maroc) et voit déjà sa fille passer sa vie à dos de chameau ! En Amérique, elle n'est pas la seule à n'avoir jamais entendu parler de cet État confetti au bord de la Méditerranée. Lorsque Rainier a débarqué deux mois plus tôt, le policier new-yorkais affecté à sa protection, Frank Cresci, a demandé : « Où est le roi nègre ? » Mais l'atmosphère est plutôt cordiale. C'est bien la première fois que Jack ne traite pas un prétendant de Grace par le mépris. Il fait même l'effort de l'appeler « Votre Altesse ». Il a failli lui donner du « Majesté », mais le père Tucker l'a recadré à temps.

Grace, elle, est rassurée. Le calme du prince l'apaise. Non, elle n'a pas fait fausse route.

Sur le coup de minuit, Rainier et le Dr Donat vont jouer aux cartes et danser chez la sœur de Grace. Les deux hommes partageront ensuite la chambre d'amis. De son côté, Jack Kelly raccompagne le père Tucker à la gare – l'occasion pour le confesseur d'avoir un premier *feed-back*.

On a beaucoup écrit que Rainier fit sa demande officielle lors du réveillon du nouvel an. « Quand la légende est plus belle que la réalité, imprimez la légende », dit James Stewart dans *L'homme qui tua Liberty Valance*. En l'occurrence, c'en est une. Dès le surlendemain, en effet, Rainier s'ouvre à Grace :

— Voulez-vous m'épouser ?

— Oui.

Jack donne son accord, mais ne peut s'empêcher d'ajouter :

— J'espère que vous n'allez pas batifoler comme certains princes, parce que vous perdriez une sacrée chouette fille. N'oubliez pas : elle a du sang irlandais dans les veines et sait ce qu'elle veut.

Au fond de lui, il se moque des histoires de royauté, mais il reste assoiffé de reconnaissance sociale. Il a compris que ce mariage sera pour lui une manière d'asseoir la position de sa famille. Les Américains, qui n'ont pas de famille régnante, ont toujours été fascinés par les vieilles dynasties européennes. Désormais, à Philadelphie, les Kelly seront incontournables, comme les Kennedy à Boston. On ne les traitera plus comme des parvenus.

« Ma » est la plus réticente. Rainier ne veut pas entendre parler d'un mariage à Philadelphie. Or, en Amérique, c'est toujours la famille de la mariée qui organise la noce. Mais elle cède.

*

Le 28 décembre, Grace rentre à New York. Le 30, elle organise dans son appartement de la 5e Avenue un dîner pour présenter Rainier à ses amis les plus proches. Tout se passe à merveille, avant que le père Tucker n'évoque la manière dont seront annoncées les fiançailles : on enverra un simple communiqué accompagné de deux photos, l'une du couple seul, l'autre avec la famille Kelly au complet. Pour une famille princière européenne, c'est déjà une concession à la modernité. Pour des Américains, c'est le degré zéro de la communication, l'assurance que la presse y verra un camouflet et se vengera de cette humiliation. Chaque journal, en effet, voudra ses propres photos. Et quid de la télévision, si puissante en Amérique ?

C'est Jack qui parvient à dénouer la situation dans les jours suivants : il convainc le prince d'organiser une conférence de presse le 5 janvier dans un club huppé de Philadelphie, au moment où le Palais publiera un communiqué.

Le jour dit, Grace, en robe à brocart doré et petit foulard rose, a le bras posé sur celui de son prince. À son doigt, sa bague de fiançailles achetée à la boutique Cartier de New York, un diamant de douze carats rehaussé de rubis. Le blanc et le rouge : les couleurs officielles de la principauté.

— À votre arrivée, vous avez tout nié de vos projets avec Grace. Étiez-vous prudent ou ne vous doutiez-vous de rien ?

— Non, j'étais sincère. Je ne me doutais de rien.

— C'est une surprise, alors ?

— Oui ! Autant pour moi que pour vous.

— Et vous, *miss* Kelly, est-ce aussi une surprise pour vous ?

— Oui.

Puis Jack invite les reporters à poursuivre l'après-midi dans sa villa. Les photographes n'hésitent pas à grimper sur le canapé et le piano pour obtenir le meilleur cliché, mais Rainier ne tarde pas à s'éclipser :

— Je ne me marie pas avec la MGM…

En fait, il s'en est fallu d'un cheveu pour que le projet de mariage ne capote. Dans l'ombre, les tractations ont été rudes. Premier point d'achoppement : la dot – on parlera de 2 millions de dollars. Pour le père Tucker, c'est une tradition européenne. Avec un pragmatisme tout américain, Jack a compris que Rainier n'était pas solvable. Il craint de voir dilapidées les actions de sa société qu'il compte offrir à Grace pour son mariage, comme il l'a fait avec ses sœurs. Lors d'une réunion chez ses avocats, il découvre que Grace doit assumer une partie des frais de fonctionnement du palais.

La situation est à ce point bloquée que Grace, présente, propose de jouer les intermédiaires. On lui fait poliment comprendre que la négociation est question d'hommes. C'est pourtant elle qui permettra de lever tous les obstacles lors d'une conversation en tête à tête avec le prince. La seule chose à laquelle il ne renoncera pas, c'est sa volonté de garder leurs enfants en cas de divorce ; pour elle, ce n'est pas un souci : leur amour est taillé dans le roc. Plus tard, Jack s'emportera devant ses conseillers :

— Vous vous rendez compte qu'elle a réussi là où toute une équipe de salopards de votre espèce a échoué !

11

CLAP DE FIN

Qu'est-ce qui a pu pousser Grace Kelly à accepter la demande en mariage de Rainier de Monaco? Pourquoi s'est-elle engagée dans une vie si différente de celle qu'elle a menée jusqu'à présent, avec un homme qu'elle connaît somme toute si peu? Comment en est-elle arrivée à quitter les États-Unis, cette nation qui va toujours de l'avant, pour une principauté enfermée dans ses traditions?

Jusque-là, Grace a mené une vie indépendante, avec le souci constant de sa liberté professionnelle, artistique, personnelle, familiale et sexuelle. Personne n'a réussi à lui dicter sa conduite. Sans jamais chercher à l'être, elle a été une femme incroyablement moderne.

Le mariage de sa sœur Lizanne a sûrement joué un rôle déclencheur plus important qu'il n'y paraît. Le bonheur de cette femme plus jeune qu'elle, sur le point d'avoir des enfants et de se consacrer à sa famille, tandis qu'elle vivait Hollywood comme une contrainte, un carcan, un étouffement, l'a sans doute incitée à revoir ses priorités. Dans La Mecque du cinéma, tout est faux, les décors comme les relations humaines. Grace veut donner un sens à sa vie : après être devenue « quelqu'un », elle veut devenir femme, tout simplement.

Rainier est plus jeune que ses précédents amants – six ans seulement les séparent –, mais il incarne une figure plus paternelle qu'eux tous. Il n'a pas les tourments et la fragilité d'un artiste. C'est un homme carré qui sait où il va, un patron et un bâtisseur – comme Jack. Il règne sur Monaco comme son père dirige la Kelly Brickwork. Sans hésitation, sans faiblesse.

Sans doute faut-il aussi replacer sa décision dans le cadre de l'Amérique du milieu des années 1950, celle d'Eisenhower, mais aussi dans l'état d'esprit caractéristique de l'élite de la Côte est américaine, où les Wasc (catholiques) sont les frères jumeaux des Wasp (protestants). Cette crème de la société US a ses rites, où cohabitent des élans contradictoires mais immuables. Philippe Labro, qui fut étudiant en Virginie à cette époque, explique :

— Durant les années d'université, on fait ce qu'on veut, on picole, on baise, on explore toutes les opportunités, tout est permis, bref, on jette sa gourme. Et puis, à un moment, on revient au port pour s'ancrer dans la tradition et la convention. Or il n'y a pas plus vertueux et pudibonds que d'anciens débauchés…

*

Pour justifier son renoncement au cinéma, Grace dira plus tard à l'écrivain Gore Vidal :

— À Hollywood, je suis au maquillage à 7 heures du matin, une heure plus tôt que l'an dernier. Joan Crawford et Bette Davis y sont dès 6 heures et d'autres, lorsque les rides s'accrochent au visage, arrivent à 4 heures. Je sais que j'aurai à me lever de plus en plus tôt…

Grace atteinte du syndrome Greta Garbo à vingt-six ans? Pas sûr que, tout occupée à satisfaire sa vie de femme, elle ait mesuré toutes les conséquences de son choix. Tout laisse à penser, en effet, que son retrait des plateaux est le résultat, sinon d'un malentendu, du moins d'une zone d'ombre.

Lors de l'annonce des fiançailles, les journalistes n'ont pas manqué de l'interroger sur son avenir cinématographique.

— Je suis toujours sous contrat avec la MGM, a-t-elle répondu. Je leur dois encore deux films. Bien sûr, je poursuivrai ma carrière. Jamais je n'abandonnerai le métier d'actrice[1].

Mais Rainier, à cet instant, de prendre la parole :

— Je préférerais qu'elle renonce à tourner. Je dois vivre à Monaco et elle aussi.

Préférerais... Il a usé du mode conditionnel. De toute évidence, la question n'a pas été tranchée. Peut-être même n'a-t-elle pas été abordée. Quand un homme vous demande en mariage, vous ne lui demandez pas si vous pourrez continuer à exercer votre métier...

Dans les jours qui suivent, le sujet revient plusieurs fois au centre des conversations et le souhait de Rainier se fait de plus en plus pressant. Prince souverain, il n'a aucune envie que ses sujets voient son épouse embrasser un autre homme que lui. Fût-ce du cinéma. Qui plus est, il partage avec Jack Kelly la même méfiance vis-à-vis du show business : l'ombre obsédante de la figure du père, encore et toujours.

---

1. Donald Spoto, *op. cit.*

Dans une interview à Maurice Zolotow, du *Los Angeles Times*, Grace déclare néanmoins :

— Vous savez, il n'y a rien à faire à Monaco. C'est un si petit pays ! Bien sûr que je vais continuer à exercer mon métier. J'ai une douzaine de scripts à lire. Je n'ai aucune envie de décrocher.

À cet instant, sans doute est-elle persuadée qu'elle parviendra à ses fins, comme elle avait su convaincre Rainier lors de la négociation du contrat de mariage. Don Richardson témoignera :

— Selon certaines rumeurs, elle avait hâte de renoncer à sa carrière. Mensonges ! Je crois qu'elle caressait plutôt l'espoir de s'accorder une ou deux années de vacances, mais sans fermer aucune porte. Le problème, c'est qu'elle ne voulait pas non plus contrarier le prince. Elle avait peur de voir une querelle s'étaler dans les journaux. Elle était coincée, en fait. Elle avait le dos au mur[1].

Son meilleur argument ? Son contrat avec la MGM. Elle s'est engagée pour sept ans et ne peut se dérober. Son Oscar l'a rendue *bankable* et le studio commence à concevoir des projets autour d'elle. À l'automne, il a annoncé avoir acheté pour elle les droits de *La Chatte sur un toit brûlant*, le dernier succès de Tennessee Williams. Les prises de vues commenceraient sitôt les représentations théâtrales achevées. On lui a aussi réservé le rôle principal de *La Femme modèle* – tout un programme ! – de Joshua Logan, au côté de James Stewart. En fin de compte, le film sera réalisé par Vincente Minnelli et interprété par Lauren Bacall et Gregory Peck.

---

1. Randy Taraborelli, *Grace et Rainier, le Rocher des illusions*, Michel Lafon, 2004.

Rainier, de son côté, a vite compris que le fameux contrat n'est pas un obstacle insurmontable. Bien sûr, si Grace tournait pour un autre studio sans son autorisation, la MGM serait en droit de la poursuivre. Mais que peut-elle faire contre une actrice qui a tout simplement choisi d'arrêter sa carrière ? Le prince ne s'est-il pas montré conciliant en offrant à la MGM la possibilité de tourner un film sur les coulisses du mariage ? Ce qui poussera Grace à confier à son amie Charlotte Winston : « Il ne veut pas que je tourne de films et il se mêle d'en faire un dont je suis la vedette… »

No more movie for Miss Kelly… Ne vient-elle pas de décrocher le plus beau rôle de sa vie ?

*

Le 7 janvier, Grace embarque à bord d'un train de nuit, le Commodore Vanderbilt, pour Hollywood où l'attend le tournage de *Haute Société.* À la fin du mois, Rainier part la rejoindre : il a loué une villa à l'abri des regards indiscrets à Bel Air. Depuis l'annonce de ses fiançailles, les paparazzi ne le quittent plus.

Par courtoisie, mais aussi pour l'amadouer, car la rumeur d'une retraite de l'actrice ne cesse de se propager, Dore Schary organise un déjeuner en l'honneur de Rainier dans la salle à manger directoriale de la MGM en compagnie de Charles Walters, le réalisateur, réputé pour la crudité de son langage, et de Celeste Holm, qui joue la reporter photographe. Celle-ci se souviendra :

— Elle était blanche et si nerveuse que je me suis dit : je comprends tout, si le prince n'aime pas le studio, il ne laissera jamais Grace revenir et elle ne pourra jamais faire de film[1].

La conversation est des plus cordiales, jusqu'à l'instant où Dore Schary demande :

— C'est grand comment, Monaco ?

Rainier répond en mètres carrés. Tout le monde s'en serait contenté, mais Dore Schary a une calculette dans la tête.

— Mais c'est plus petit que notre studio ! ne peut-il s'empêcher de lancer après avoir converti la surface en *miles*, *yards*, *feet* et *inches*.

— J'ai eu l'impression qu'un lustre géant s'écrasait en mille morceaux sur la table, se souviendra Celeste Holm. Il y a eu un silence de mort et j'ai su, à ce moment-là, que Grace ne referait plus jamais de cinéma.

Haute Société marquera donc à la fois ses adieux au cinéma et son entrée dans le grand monde. À l'origine du film, un succès de Broadway signé Philip Barry, déjà adapté à l'écran en 1940 sous le titre *Indiscrétion* avec Cary Grant, Katharine Hepburn et James Stewart. Cette nouvelle version se veut musicale, sans être une comédie musicale à proprement parler ; les chansons sont de Johnny Green, compositeur magique de *Rhapsodie* de Charles Vidor.

Une fois de plus, Grace a fait preuve de caractère. Lorsqu'il a été question de la doubler pour les chansons, elle a refusé : on la prenait en bloc ou pas du tout. Elle s'est aussitôt mise à prendre des cours de chant et l'affaire est remontée jusqu'à Dore Schary, qui a tranché en sa faveur. Avec un certain flair : elle enregistrera en duo « True Love » avec Bing Crosby et le disque sera certifié platine.

1. Robert Lacey, *op. cit.*

Durant le tournage, Grace redevient une actrice comme une autre, loin du tumulte médiatique. Mais lorsque, au bout d'une semaine, l'accessoiriste lui tend la bague en faux diamant qu'elle doit porter, elle se retourne vers le réalisateur :

— Croyez-vous que je pourrais porter ma vraie bague de fiançailles ? demande-t-elle.

Amusé, Charles Walters joue de la situation : avant d'accepter, il demande à la voir. Le lendemain, Grace arrive donc au studio avec le diamant offert par Rainier : il est plus gros que celui, en toc, qu'on lui destinait et brille comme une patinoire au soleil. Devant l'équipe qui rivalise de compliments, elle ne peut s'empêcher de lâcher, très Upper East Side :

— Il est mignon, n'est-ce pas ?

Étrangement prémonitoire, puisque écrit bien avant la rencontre de Grace et Rainier, *Haute Société* apparaît aujourd'hui comme une manière de boucler la boucle. C'est l'histoire d'une jeune femme, divorcée d'un artiste (Bing Crosby, dans un troublant jeu de miroir avec sa propre vie), sur le point d'épouser un puissant homme d'affaires (John Lund) qui lui déclare :

> — *Une auréole de pureté vous entoure. Vous êtes une déesse que l'on doit vénérer.*
>
> — *Mais je ne veux pas être vénérée. Je veux être aimée...*
>
> — *Je vous mettrai sur un piédestal et vous adorerai.*

Nombre de situations font écho à sa propre vie. Ainsi l'irruption d'un journaliste de *Spy*, une feuille à scandale, interprété par Frank Sinatra, invité aux préparatifs du mariage par sa mère.

— *Vous vivez en parasite sur les vies privées d'autrui, lui lance l'héroïne. Vous ne serez jamais un être humain avant d'avoir appris à respecter les faiblesses des autres.*

En matière d'intrusion dans sa propre vie, Grace Kelly vient de connaître bien pire que les commentaires venimeux des commères. Le coup est parti de son propre camp. Le 15 janvier, dix jours seulement après l'annonce des fiançailles, le *Los Angeles Examiner*, relayé par tous les journaux du groupe Hearst, entame la parution d'une série de dix articles intitulée : « Ma fille Grace Kelly : sa vie et ses amours. » Alors que Grace tâche de soigner son image virginale, c'est tout son passé qui ressurgit : « Ray », ainsi que Ma surnomme Rainier, est « au moins le cinquantième à la demander en mariage »... Sa propre mère évoque ses premiers amoureux et raconte ses liaisons avec Clark Gable, Ray Milland, Oleg Cassini, avant d'ajouter : « La liste est trop longue. Je ne me rappelle pas tous les noms. »

Sous prétexte de montrer à quel point Jack et elle ont été des parents exemplaires, garants de l'éducation, du bon goût et de la morale, Ma exhibe à l'Amérique entière ce qu'elle a toujours cherché à cacher, faute d'avoir pu l'empêcher.

Grace attendra froidement la parution du dixième et dernier article avant d'appeler sa mère. Jamais elle n'a été aussi furieuse contre elle. Jamais elle ne lui a parlé aussi violemment. Pour sa défense, Ma argue du fait que ses royalties seront « entièrement reversées à la Faculté féminine de médecine de Philadelphie, l'unique école de médecine des États-Unis exclusivement réservée aux femmes», comme le spécifiait chaque article. Comme quoi la charité n'est pas toujours bien ordonnée...

— Pourquoi n'a-t-elle pas simplement vendu des biscuits ou organisé une foutue fête de bienfaisance? s'indignera Grace auprès de ses proches.

12

LE MARIAGE DU SIÈCLE

Sur la jetée 84 du port de New York, à la hauteur de la 44e Rue ouest, les confettis volent, les cotillons voltigent, les sirènes retentissent, les applaudissements fusent, les flashs crépitent et répandent leur odeur de magnésium cramé.

Ce 4 avril, il vente, bruine, brouillasse, mais la foule est en liesse pour saluer le départ de la petite fiancée de l'Amérique : elle vient d'embarquer sur le *Constitution*, le paquebot de l'American Export Lines qui relie New York à Naples, via Gibraltar.

Plus de trois cents journalistes se sont entassés dans le bar du bateau. C'est la cohue. Ensemble clair de soie grise, gants grège, chapeau blanc, Grace est souriante, rayonnante ; mais quand elle s'approche de la batterie de micros qui sont comme une herse de château fort, son visage devient grave. Jinx Falkenburg, la reine du talk-show, se lance en premier :

— À cet instant précis, j'aimerais savoir ce que vous ressentez à l'idée de quitter votre pays ?

— Comme je l'ai déjà dit, le mariage est un moment important dans la vie d'une femme. C'est extraordinaire, mais je suis triste de quitter mon pays…

Le temps que les reporters, échotiers, cameramen, photographes et autres *newsmen* évacuent le navire, le *Constitution* larguera les amarres avec près de trois quarts d'heure de retard – comme si l'Amérique voulait retenir sa nouvelle star. Le smog opacifie l'Hudson, à l'image de la confusion qui s'est emparée de son esprit :

— J'avais vécu plusieurs histoires d'amour malheureuses, confiera-t-elle plus tard à Budd Schulberg, et le fait d'être devenue une star ne m'empêchait pas de me sentir perdue. Je regardais la brume en me demandant : qu'est-ce qui va m'arriver ? À quoi va ressembler cette nouvelle vie ? Je n'ai jamais rencontré la famille de Rainier, sauf son père, et je n'ai aucune idée de l'accueil que va me réserver la cour. Quelle sorte de monde m'attend de l'autre côté de ce brouillard[1] ?

*

Avant de quitter New York, Grace a pris soin d'enregistrer, en français, un message pour les Monégasques diffusé par RMC :

— Je voudrais dire à mes futurs concitoyens que le prince, mon fiancé, m'a appris à les aimer. Je les connais déjà bien par les descriptions qu'il m'a faites et mon désir le plus cher, aujourd'hui, est de trouver une petite place dans leurs cœurs.

En réponse, Rainier lui télégraphie :

> *Ce mot pour te dire avec beaucoup de douceur combien je t'aime, tu me manques, j'ai besoin de toi et je te veux à mes côtés, toujours. Fais bon voyage,*

1. Budd Schulberg, « The Other Princess Grace », *Ladies' Home Journal*, 1977.

mon amour. Sois tranquille et pense à moi qui me consume dans ce terrible désir que je ressens pour toi. Je t'aime tant[1].

Long de deux cent huit mètres, le *Constitution* ne va pas tarder à prendre sa vitesse de croisière : vingt-trois nœuds à l'heure. C'est encore la grande époque des transatlantiques : le voyage en avion, en Constellation, dure une vingtaine d'heures, avec escale à Terre-Neuve et en Irlande – le Boeing 707 n'a pas encore révolutionné le transport aérien, il n'apparaîtra que trois ans plus tard. Grace a pris ses quartiers dans la plus belle cabine, la suite nuptiale : un salon et une chambre à la décoration couleur champagne donnant sur une véranda ouverte sur le grand large. Pour elle, il ne s'agit pas d'une croisière, mais d'un déménagement : quatre énormes malles et cinquante-six bagages l'accompagnent. La MGM lui a offert les tenues qu'elle portait dans *Haute Société* et elle a passé ses dernières semaines à constituer son trousseau : trois manteaux de fourrure, quatorze robes, une vingtaine de bibis. Elle a aussi emporté ses vieux jeans et ses chemises Oxford pour hommes, sa tenue favorite. Dans les cales du navire, un coffre en acier aux allures de cercueil semble incongru. C'est une ruse pour déjouer les regards indiscrets : il renferme… la robe de mariée.

Une centaine de reporters ont embarqué : il leur suffisait d'acheter un billet. Grace aurait préféré les éviter, mais au bout de trois jours elle se résout à les rencontrer les uns après les autres. Elle se laisse photographier sur

1. *Les Années Grace Kelly, princesse de Monaco*, Skira/Grimaldi Forum Monaco, 2007.

le pont, prenant le soleil en espadrilles ou bavardant avec ses parents.

Décidément, plus rien ne lui appartient. Tout lui échappe. Sa nouvelle vie de princesse l'expose à une pression médiatique encore plus intense qu'à Hollywood. Sur un panneau lumineux de Times Square, un décompte affiche le temps restant jusqu'au mariage.

Pour Jack Kelly, cet hymen représente une formidable occasion de relations publiques ; il a convié à bord près de quatre-vingts membres de son clan, amis, relations sociales. Seule Lizanne, qui doit accoucher sous peu, est absente.

Tous les soirs, c'est la fête. On dîne, on boit du champagne, on porte des toasts, on danse, on rit, on organise des concours de charades, de Canasta, de jeu de galets, de chansons de pionniers. Grace régale les invités en se lançant dans des imitations de Greta Garbo et Zsa Zsa Gabor.

— Une colonie de vacances flottante, résumera son amie Judy Kanter.

Pendant que la croisière s'amuse, chaque soir, un peu avant minuit, Grace s'éclipse discrètement pour aller se promener sur le pont avec Oliver, son caniche, retenu par une laisse ornée d'œillets blancs et de nœuds de satin, cadeau d'Hitchcock. À quoi pense-t-elle, le regard perdu vers l'océan, quand elle s'accoude à la rampe en bois verni du bastingage ?

À la vie qu'elle vient de quitter ?

À la vie qui l'attend ?

Elle n'est plus américaine et pas encore monégasque : au milieu de l'océan, elle a l'impression d'être nulle part.

*

Trop petit. Pas assez profond. Le port de Monaco n'a pas été conçu pour accueillir les paquebots. Le matin du 12 avril, après huit jours de traversée, c'est au large de la principauté que le *Constitution* jette l'ancre à 10 heures.

À bord du *Deo Juvante II*, son yacht, qui porte la devise des Grimaldi (« Avec l'aide de Dieu »), le prince Rainier s'approche, escorté de dizaines de petits bateaux qui ont hissé le grand pavois. Les nuages matutinaux ont laissé place à un soleil timide et Grace suit sa progression, cherchant au milieu de l'équipage l'homme qu'elle vient épouser.

— Je le vois ! lance-t-elle soudain en levant la main.

Rainier se tient debout à l'avant du navire. Échange de gestes de la main. On ne peut plus cinématographique que ces retrouvailles bercées par les vagues bleues de la Méditerranée. Une échelle de coupée est lancée. Grace s'avance, manteau bleu marine, gants blancs, chapeau à large bord. Il lui tend la main, mais il n'y aura ni baiser ni embrassade : Rainier n'est plus un jeune soupirant visitant l'Amérique, mais Son Altesse Sérénissime le prince de Monaco – il doit se tenir et se contenir.

Au même moment, un hydravion s'approche et les arrose d'une pluie d'œillets rouges et blancs, les couleurs de la principauté. À son bord, Aristote Onassis. Quand ils mettent pied à terre, ils sont accueillis par un feu d'artifice en plein jour…

Dans une semaine, Grace Kelly deviendra Grace de Monaco. Sept jours frénétiques qui ressembleront à une course contre la montre.

Tout doit être parfait.

Le prince s'est installé dans sa villa de Saint-Jean-Cap-Ferrat, la famille Kelly au Palais et leurs invités à l'Hôtel de Paris. Déjeuners, dîners, défilés, bals, festivités se succèdent, malgré le temps plutôt maussade. Il se passe toujours quelque chose, mais les journalistes sont tenus à l'écart. Ils sont pourtant mille six cents à avoir fait le déplacement, issus de trente-six pays – autant que pour le couronnement d'Elizabeth II d'Angleterre, trois ans plus tôt.

Monaco, dont une bonne partie de la planète, à commencer par l'Amérique, n'avait jamais entendu parler, est devenu le cœur du monde. Une école a été transformée en centre de presse, quarante cabines téléphoniques ont été installées sous le préau, mais personne n'est là pour canaliser les reporters ou leur dispenser des confidences. Du haut de ses sept siècles d'existence, la principauté n'a jamais eu d'attaché de presse. Rainier est en son royaume et n'entend pas qu'on lui dicte sa conduite. Il s'enferme dans le mutisme, comme si le modernisme n'avait pas de prise sur lui.

À défaut de pouvoir informer, les journalistes ironisent, à l'instar de Fred Sparks dans le *Scripps Howard*: «Il me déplaît de donner un conseil à Grace, mais n'appartient-elle pas au domaine public, de même que *Mona Lisa*? Aussi je la prie d'ouvrir l'œil avant de se laisser griser par des rêves de pacotille. Car, dans son palais de conte de fées, il n'y a pas de chauffage central, les installations de plomberie sont défectueuses et les meubles seraient plus à leur place dans un musée.» Le magazine *Variety*, bible des professionnels du cinéma, renchérit: «Grace Kelly épouse le prince Rainier. La mariée est une star, le marié, un amateur.»

Comme en clin d'œil à *La Main au collet*, l'épouse du trésorier du Parti démocrate se fait dérober pour 50 000 dollars de bijoux à l'Hôtel de Paris. Enfin quelque chose à raconter! Charlotte, la mère de Rainier, n'a-t-elle pas été aperçue au déjeuner de présentation des familles accompagnée de son chauffeur, René Girier, un ancien monte-en-l'air connu sous le nom de René la Canne? On ne parle plus que de cela. L'humoriste Art Buchwald, chroniqueur du *New York Herald Tribune*, persifle: «Le prince Rainier a décidé d'interdire à tous les cambrioleurs d'assister à la cérémonie nuptiale. Cette décision a soulevé un tollé parmi les voleurs de joyaux de toutes nationalités envoyés à Monaco pour couvrir l'événement.»

Les photographes, eux, sont prêts à tout pour obtenir un cliché. Les incidents se multiplient: un policier casse l'appareil d'un reporter qui, en retour, se venge en le mordant. Un autre jour, l'un d'eux se couche sur le macadam devant la voiture de Rainier et Grace sur la route d'Eze. Celui-ci pile pour l'éviter et ne peut s'empêcher de sortir voir ce qui se passe: aussitôt des paparazzi sortent des buissons.

Face à ce chaos généralisé, Jack Kelly et le père Tucker pressent Rainier d'assouplir sa position. Il finira par accorder une séance photo par jour et Morgan Hudgins, *public relations* de la MGM, venu en invité, supervisera des communiqués quotidiens en français et en anglais.

Au palais, où s'entassent les cadeaux envoyés du monde entier, souvent en double exemplaire car il n'y a pas eu de liste de mariage, Grace découvre chaque matin un nouveau bijou offert par Rainier. Mais elle est de plus en plus tendue. Seuls quelques fous rires avec ses demoiselles d'honneur – qui, rare entorse au protocole, ne sont pas toutes catholiques – lui permettent de se détendre entre deux obligations.

— Il régnait une sorte de frénésie, racontera-t-elle. Il fallait réagir en un quart de seconde. C'était littéralement cauchemardesque. J'avais l'impression d'être spectatrice de mon propre mariage. Mais, contrairement aux invités, je ne pouvais pas rentrer chez moi quand l'excitation devenait insupportable[1].

Grace imaginait un mariage romantique, elle se retrouve au cœur d'un maelström qui la submerge. Le « mariage du siècle » est en train de devenir un « grand cirque ».

— Elle n'arrêtait pas de dire que nous devions nous sauver et nous marier dans une petite chapelle de montagne, racontera Rainier. J'aurais bien aimé moi aussi, c'est la seule chose qui nous aurait vraiment plu à tous les deux[2].

Un soir, après une réception, le prince raccompagne sa dulcinée au palais. Étant parvenus à semer les photographes, ils visitent l'arrière-pays toute la nuit et ne reviennent qu'au petit matin pour affronter une nouvelle journée de préparatifs, malgré leur nuit blanche.

*

Le 18 avril 1956, tout est fin prêt pour le mariage civil, dans la salle du trône ornée d'une cheminée Renaissance.

---

1. Donald Spoto, *op. cit.*

2. Jeffrey Robinson, *Rainier et Grace*, L'Archipel, 1996 ; Archipoche, 2007.

Il n'y a qu'une centaine d'invités et la tension est perceptible. Chacun retient ses émotions. En queue-de-pie gris perle et pantalon de velours, Rainier est plus princier que jamais, comme figé pour l'éternité. Grace, elle, porte un ensemble beige en taffetas et dentelle.

Un déjeuner suivra sur les quais de la Condamine, puis une garden-party dans les jardins du palais, destinée à présenter la nouvelle princesse aux citoyens monégasques. Le soir même, une soirée de gala sera donnée à l'opéra, où la loge princière arbore pour la première fois leurs initiales entrelacées.

Mais, une fois encore, Grace et Rainier ne dormiront pas ensemble. Ils ne sont qu'« à demi mariés », comme elle le dira par la suite. Il leur faut attendre la cérémonie religieuse, le lendemain.

— Mais c'est du puritanisme victorien ! s'exclame-t-elle devant Rainier, inflexible.

La messe de mariage sera l'acmé de cette folle semaine. Plus de trente millions de téléspectateurs y assisteront en direct grâce à l'Eurovision, dont chaque émission est précédée du *Te Deum* – l'Europe des médias a précédé celle des États. Jamais retransmission n'a suscité pareil engouement : pour la première fois, le grand public peut découvrir de l'intérieur un mariage princier, comme s'il avait reçu un carton d'invitation.

À l'aube, les canons retentissent pour saluer cette journée d'exception. Le soleil est au rendez-vous, le ciel est bleu azur, comme assorti aux yeux de Grace. Dans la cathédrale Saint-Nicolas décorée de fleurs blanches – lys, hortensias, lilas, muguets –, Grace arbore sa robe de mariée offerte par la MGM, selon la tradition hollywoodienne. Une œuvre d'art conçue par Helen Rose, la costumière du *Cygne*. En satin et dentelle de

Bruxelles de plus d'un siècle, elle est composée d'une jupe ivoire soutenue par trois jupons, d'un corsage au col rond ras-de-cou entièrement rebrodé et agrémenté de perles de culture. Son missel est lui aussi recouvert de dentelle et de perles. La traîne, longue de trois mètres, a nécessité à elle seule vingt-cinq mètres de soie et vingt-cinq autres de taffetas. Le matin même, Helen Rose a dû faire quelques retouches : depuis son arrivée à Monaco, Grace a perdu cinq kilos.

C'est Jack qui accompagne sa fille jusqu'à l'autel au son de l'*Uxor tua* de Bach et de l'*Alléluia* de Purcell. D'ordinaire, c'est le marié qui attend sa promise, mais un prince n'attend pas... Bardé de médailles des épaules à la ceinture, veste marron, pantalon clair, vêtu d'un uniforme inspiré des maréchaux d'Empire conçu pour l'occasion, Rainier fait donc son entrée en dernier, au rythme d'un roulement de tambour.

— Grace Patricia, voulez-vous prendre pour légitime époux Rainier Louis Henri Maxence Bertrand ici présent, selon le rite de notre mère la Sainte Église ? demande Mgr Barthe, évêque de Monaco.

— Oui, répond-elle d'une voix nouée, presque inaudible.

— Je vous déclare unis par les liens du mariage, au nom du père, du fils et du Saint-Esprit.

Lorsque le jeune page s'approche, il manque faire tomber le coussin grenat où reposent les alliances. Rainier a du mal à glisser l'anneau à l'annulaire de Grace, qui doit l'y aider. Entre eux, pas de baiser, pas de sourires, mais une émotion palpable.

Après une génuflexion devant l'autel, Rainier tend le bras à Grace. Ensemble, ils remontent le tapis rouge sous le regard des six cents invités. Parmi eux, des artistes – Ava Gardner, Gloria Swanson, David Niven, Jean Cocteau, Marcel Pagnol –, le représentant de l'État français, François Mitterrand, alors garde des Sceaux, mais aussi et surtout la crème du gotha : l'Aga Khan et la Bégum, le roi Farouk, ainsi que les représentants des familles européennes liées aux Grimaldi. En devenant Son Altesse Sérénissime la princesse de Monaco, Grace Kelly est désormais deux fois duchesse, une fois vicomtesse, huit fois comtesse, quatre fois marquise et neuf fois baronne !

Elizabeth II d'Angleterre – cousine au quinzième degré de Rainier – s'est fait excuser, sous prétexte qu'elle ne connaît ni le prince ni son épouse. Elle offrira néanmoins deux plateaux de service en or. Le président américain Eisenhower a prié Conrad Hilton, fondateur de la fameuse chaîne hôtelière et ex-mari de Zsa Zsa Gabor, de le représenter, mais il n'enverra aucun cadeau.

— Il aurait quand même pu offrir une cafetière, s'agacera Margaret.

Sitôt sortis de la cathédrale, Grace et Rainier s'engouffrent dans une Rolls Royce décapotable noir et blanc, cadeau de mariage de leurs sujets, pour aller se recueillir dans la petite église Sainte-Dévote, patronne des Monégasques. Ensuite, toujours sous les applaudissements de la foule contenue par des barrières en bois peintes de rouge et de blanc, ils rejoignent le palais où un buffet de caviar, homard et saumon est dressé dans les jardins. Selon la tradition, Rainier découpe la pièce montée avec son épée…

En fin d'après-midi, les jeunes mariés embarquent à bord du *Deo Juvante II* pour leur voyage de noces. Du haut du Rocher, leurs invités les saluent en agitant les bras, tandis qu'ils s'éloignent vers le large. Dès le premier soir, il faudra jeter l'ancre : Grace a le mal de mer. Les jours suivants, elle est fiévreuse, chiffonnée, patraque : le stress qui s'évacue…

Sept semaines durant, ils sillonnent la Méditerranée. Enfin seuls. Loin de leur famille, loin des conventions, loin des avocats, des journalistes et des conseillers, ils se sourient comme si le monde commençait.

Ils apprennent à se connaître.

13

Le trou d'aiguille

De Monaco, Grace Kelly dira un jour que «c'est un New York qui tient dans un trou d'aiguille». Mais en 1956, au retour de son voyage de noces, il n'y a pas encore de gratte-ciel. La principauté est une sorte de pâtisserie aux immeubles rococo ou Belle Époque. Une toute petite ville de vingt mille habitants, paisible comme une sous-préfecture, bordée d'un côté par la Méditerranée, de l'autre par les Alpes couvertes de pins, un pays dont «les frontières sont des fleurs», comme disait Colette.

Des fenêtres du palais, Grace peut embrasser du regard toute l'étendue de son territoire. Pour elle qui n'a jamais vécu que dans de grandes villes préservant l'anonymat, c'est un choc radical. En se mariant, la star a cru redevenir une femme ordinaire, mais c'est tout le contraire qui se produit: elle est devenue une petite Américaine au destin extraordinaire, vivant dans une ancienne forteresse juchée sur un rocher, soixante mètres au-dessus de la mer. Mais ce destin a un prix: derrière ses façades jaune pastel gardées vingt-quatre heures sur vingt-quatre par des carabiniers en uniforme, derrière la magnificence des fresques, tableaux et tapisseries, derrière les cours aux galeries bordées d'arcades, elle se découvre coupée du monde, comme dans une cage dorée. Sans doute repense-t-elle à ces mots de Hitchcock, apprenant son changement de vie :

— Elle s'y prend avec l'aisance d'un trapéziste, mais je me demande si la plate-forme où elle a atterri ne sera pas trop petite pour elle.

Tout lui donne l'impression qu'elle n'est que de passage. Issue d'une société qui ne cesse de se réinventer, elle se retrouve au cœur d'un monde où, depuis toujours, demain ressemble à hier. La vie au palais est une sorte d'anachronisme. « Nous ne faisons pas ainsi », lui répond-on chaque fois qu'elle émet un souhait sur la décoration florale ou la composition des tables. Le majordome, en place depuis trente ans, se veut le gardien du temple. Organise-t-elle un dîner, on compte quinze maîtres d'hôtel et valets pour dix couverts. Il lui est interdit de s'asseoir tant que le prince ne s'est pas lui-même assis. Souffrant de claustrophobie dans ce palais trop sombre qui sent le renfermé, elle aime ouvrir grandes les fenêtres, mais à peine est-elle sortie qu'un domestique s'empresse de les refermer.

Jamais elle n'a été aussi entourée, encerclée, et pourtant jamais elle ne s'est sentie aussi seule. Elle regrette le côté *friendly* des Américains. Chaque jour, elle se confronte au protocole. La révérence est obligatoire pour tous les visiteurs. Sa première victoire sera d'obtenir que les femmes soient dispensées de porter un chapeau pour l'approcher.

— Si vous saviez le remue-ménage que cela a provoqué ! se souviendra-t-elle. Tout le monde était épouvanté.

En revanche, elle mettra onze ans à obtenir que des hommes puissent lui rendre visite dans ses appartements privés. Jusque-là, couturiers et autres parfumeurs ne pouvaient être que des femmes…

En fait de palais, elle se retrouve dans un cloître.

*

À Monaco, Grace mène une existence d'expatriée. Elle découvre un autre pays, un autre climat, un autre mode de vie. Une autre langue aussi.

— J'avais appris le français à l'école. Quand je suis arrivée, je pouvais poser quelques questions, mais je ne comprenais pas les réponses[1].

Sa dame de compagnie, Madge Tivey-Faucon, une Australienne qui avait donné des cours d'anglais à… Gisèle Pascal, est chargée de perfectionner son français. Elle se révèle peu pédagogue : les progrès de Grace sont moins rapides qu'elle ne l'espérait, ce qui l'isole encore davantage. Croyant bien faire, Rainier s'exclame un jour devant le père Tucker :

— Vous entendez comme elle parle bien le français ?

La réponse de son confesseur fuse :

— Fiston, je savais que l'amour était aveugle, mais on ne m'avait jamais dit qu'il était également sourd !

Grace s'abonne au *Herald Tribune*, à *Architectural Digest* et au *New Yorker* – dont les dessins humoristiques font ses délices. Confitures, bacon, sirop d'érable, préparation pour pancakes et muffins : chaque colis reçu des États-Unis est une manière de retrouver ses repères. Ses parents lui envoient, enveloppés dans du papier de soie, des cakes maison. Rainier n'est pas oublié : il a droit à du whisky du Kentucky – son préféré.

---

1. Pierre Desgraupes, « Cinq colonnes à la une », 2 octobre 1959.

Bien que princesse de Monaco, Grace conserve son passeport américain. Elle n'y renoncera que dans les années 1970, pour des raisons purement fiscales : tout natif des États-Unis paie des impôts sur l'intégralité de ses revenus chez l'Oncle Sam, qu'il y vive ou pas. Être la première dame d'un paradis fiscal et ne pas en profiter : drôle de paradoxe ! Comment ne pas y voir un symbole de son incapacité à rompre avec sa patrie d'origine ?

Pour Grace, le choc est aussi affectif. Ses parents sont loin, ses amis aussi, et un voyage transatlantique ne s'entreprend pas aussi facilement qu'aujourd'hui. Quelques-uns culpabiliseront, plus tard, de n'avoir pas été assez présents.

— J'ai honte, dira Judy Kanter, d'avouer à quel point je me suis montrée insensible à la solitude de Grace pendant ses premières années de mariage. Je projetais sur elle et sur sa vie mes propres fantasmes de conte de fées[1].

Issue d'un clan soudé – ce qui n'exclut par les désaccords –, Grace ne peut pas se reposer sur la famille de Rainier. Depuis leur divorce, les parents de celui-ci sont à couteaux tirés. Le père de Rainier ayant approuvé son union avec Grace, sa mère ne peut que la rejeter. La princesse Charlotte, « Mamou » comme on l'appelle en famille, regrette que l'Américaine soit une roturière – ce qui ne manque pas de sel lorsqu'on sait qu'elle-même était la fille de Louis II et d'une lavandière, Marie-Juliette Louvet, son père ne l'ayant reconnue qu'à sa majorité, de crainte que la lignée des Grimaldi ne

1. Steven Englund, *Grace of Monaco, an Interpretative Biography*, Doubleday & Co, 1984.

vienne à s'interrompre. Dès leur première rencontre, le jour de son arrivée, Charlotte regarde Grace avec mépris ; elle ne reviendra plus jamais en principauté. Rainier et Grace lui rendront néanmoins régulièrement visite dans sa propriété de Marchais, dans l'Aisne, deux fois plus grande que Monaco. Grace trouve le château «froid comme une mamelle de sorcière», ainsi qu'elle l'écrira un jour à Don Richardson, ajoutant :

> *Évidemment, l'attitude de ma belle-mère à mon égard ne fait rien pour réchauffer l'atmosphère.*

Les rapports ne sont guère plus chaleureux avec Antoinette, la sœur de Rainier. Vingt-sept mois seulement séparent les deux enfants du prince Pierre et de la princesse Charlotte, et l'aînée nourrit un authentique ressentiment envers son cadet, qui l'a privée d'accéder au trône. Durant l'été 1955, après la faillite de la Société monégasque de banques et de métaux précieux, alors que le Conseil national mené par Jean-Charles Rey, son amant et futur mari, voulait pousser Rainier à l'abdication, elle a comploté pour assurer la régence jusqu'à la majorité de son fils. Autoritaire et déterminée, elle fera bonne figure en déclarant :

— Ma belle-sœur réussit tout ce qu'elle entreprend. Pourquoi m'occuperais-je des affaires qui la concernent ?

En réalité, elle a du mal à accepter la notoriété de Grace, qui la relègue au second rôle.

À cela s'ajoute le scepticisme des Monégasques. Bien sûr, ils ont fêté son mariage, mais cela ne vaut pas blanc-seing. Les lampions de la noce éteints, ils s'interrogent : qui est vraiment Grace ? Que veut-elle ? Ne cherche-t-elle qu'à faire sa promotion ? Pour eux, elle est américaine avant d'être monégasque – l'Europe du Sud a toujours entretenu des rapports complexes avec les États-Unis, entre fascination et répulsion.

— J'ai été confrontée à un très net antiaméricanisme, confiera Grace à la journaliste Barbara Walters. Beaucoup de gens me considéraient comme une étrangère.

Rainier est né prince, elle est devenue princesse : la nuance n'est pas mince. Constamment, elle doit lutter pour être acceptée. À chaque sortie officielle, elle est observée, scrutée, jaugée, critiquée. Elle doit avoir recours à tout son talent de comédienne pour entrer dans son rôle – même si, à la différence du cinéma, il n'y a ni deuxième ni troisième prise : impossible de manifester la moindre hésitation, encore moins de se tromper. Elle ne reconnaît pas quelqu'un ? Aussitôt on la trouve hautaine, oubliant qu'elle est myope : sans lunettes, Grace ne distingue pas les visages de l'autre côté de la rue.

*

En fait, Grace est en pleine crise d'identité. Ni Kelly ni Monaco, elle ne sait plus qui elle est. Elle se surprend, elle qui a toujours mené son existence comme elle l'entendait, à ne plus exister qu'à travers son mari. Avant son mariage, elle disait souvent ne pas vouloir d'« un époux qui serait un simple M. Kelly » ; la voici devenue simple Mme Grimaldi. Elle ne s'appartient plus.

Tout en tâchant de faire bonne figure en public, elle s'abandonne à la mélancolie. Elle passe ses journées à lire ou à marcher dans les jardins du palais, accompagnée de son caniche, perdue dans ses pensées. Ce n'est plus Cendrillon, c'est Emma Bovary. La réalité n'est pas aussi soyeuse que la promesse de bonheur béat contenue dans les contes de fées. Même le merveilleux a un prix.

Dès les premières semaines, Grace découvre l'humeur changeante de Rainier. Attentif, rieur, enjôleur, patelin, il peut aussi se montrer maussade, ombrageux, taciturne, boudeur, irascible, voire cassant.

— Avec lui, elle avait toujours l'impression de marcher sur des œufs, commentera son amie, l'écrivain Gwen Robyns.

Après son licenciement, Madge Tivey-Faucon donnera une série d'interviews qui irriteront le prince. Elle n'en démordra pas moins :

— Combien de fois ai-je vu la princesse sortir de sa chambre en reniflant, les yeux rouges. « J'ai un rhume », me disait-elle pour cacher son embarras…

Mais Grace fait front. Femme de caractère, elle n'est pas du genre à se décourager au premier spleen. Son obsession : réussir son mariage. Chez les Kelly, on convole pour la vie. On se doit de surmonter les difficultés. Dans un couple, a-t-elle constaté en observant sa mère, c'est la femme qui fait des concessions.

— Avec le recul, analysera Rainier, je me dis que j'étais sans doute trop impatient de la voir s'adapter. Je ne comprenais pas toujours son attitude – je suis obligé de l'admettre si je veux être honnête[1].

Pour Grace, la situation est d'autant plus confuse qu'elle doit s'apprêter à être mère. Six semaines après

1. Douglas Keay, « Life with Grace : an exclusive interview with Prince Rainier », *Ladies Home Journal*, mai 1974.

son mariage, son médecin lui confirme qu'elle est enceinte. En juin, Rainier annonce officiellement la nouvelle :

— C'est une grande joie pour la princesse et pour moi que de vous associer à notre bonheur. À la lumière de cette nouvelle, si importante pour moi et pour vous-même, je vous demande d'avoir confiance dans le choix que j'ai fait pour l'avenir de Monaco.

De son côté, Grace découvre les désagréments d'une grossesse.

— Bien sûr, on m'avait parlé des nausées matinales, mais je ne savais pas que cela durait toute la journée. Ensuite, je me suis mise à manger sans arrêt. Le médecin voulait me mettre au régime, mais j'avais un appétit féroce. Pendant tout l'été, j'ai eu une envie folle de spaghettis. Je me réveillais au milieu de la nuit tant j'avais faim. Le prince est un champion des œufs brouillés, mais j'ai dû lui apprendre à faire des sandwiches !

*

Fin août, Grace a pris une dizaine de kilos, mais son âme s'allège : elle s'apprête à partir pour les États-Unis avec Rainier. Depuis le mariage, le prince a compris qu'il lui fallait une attachée de presse. Le premier contrat de Nadia Lacoste est de trois mois ; elle restera trente-trois ans à son service. Sa première mission consiste à organiser une conférence de presse au consulat monégasque à Paris.

Avant de rejoindre Le Havre pour embarquer sur le *SS United States*, le couple princier fait escale à Paris, où Rainier offre à Grace un sac en crocodile de chez Hermès – une version pour dames du célèbre « haut à courroie» conçu pour transporter les bottes et la selle des cavaliers. Tout au long de son séjour américain, chaque fois qu'un photographe s'approchera trop d'elle, elle s'en couvrira le ventre comme d'un bouclier. La photo paraîtra en une de *Life*, provoquant une envolée des ventes de sacs de ce modèle, officiellement rebaptisé du nom de l'actrice vingt et un ans plus tard.

À Washington, Rupert Allan reprend la main pour la communication. Le couple est reçu à la Maison Blanche. Dwight Eisenhower, en pleine campagne pour son second mandat, prend le temps de les accueillir le 11 octobre. Le rendez-vous est bref – dix-neuf autres figurent ce jour-là à l'agenda présidentiel –, mais c'est une victoire pour le prince: la preuve que son petit pays compte sur la scène internationale. À l'issue de la rencontre, Grace et Rainier répondent aux questions des journalistes. Les images d'archives sont étonnantes:

— Pense à regarder les caméras, tu t'en souviendras? lance Rainier à son épouse.

— Oui, ce n'est pas si compliqué, lui répond-elle.

Puis commence le jeu des questions-réponses, avant de se focaliser sur Grace:

— Votre père est démocrate. Et vous?

— Je ne souhaite pas répondre à cette question.

— Avez-vous une préférence quant au sexe du bébé?

— Non. Garçon ou fille, nous serons heureux, cela ne fait pas de différence pour nous. On veut juste un bébé en bonne santé.

— Avez-vous tiré un trait sur le cinéma?

— Oui, c'est terminé.

À New York, Grace retrouve les joies d'une vie libérée des contraintes princières. Entre deux escapades à Long Island, Ocean City ou Philadelphie, ils font du shopping dans les boutiques de luxe et les magasins de layette, mais aussi dans les commerces d'électroménager pour acheter des appareils qui ne sont pas encore commercialisés en France. Dans l'appartement que Grace a conservé sur la 5e Avenue, les époux passent quelques soirées en compagnie de ses plus vieux amis : assiette sur les genoux, charades et bonne franquette !

Avant son départ, elle rendra la clé de son appartement, non sans faire emballer quelques-uns de ses plus beaux meubles, dont un fauteuil Louis XV acheté avec ses premiers cachets, une bergère Louis XVIII et son sofa brodé du mot « *love* ». Rainier – qui n'a jamais vécu au palais avant son mariage – lui a laissé les coudées franches pour redécorer leurs appartements privés, neuf pièces au rez-de-chaussée de l'aile ouest qui avaient sérieusement besoin d'être rafraîchies.

— Ces meubles sont pour moi comme de vieux amis, dira-t-elle.

À Monaco, elle en manque singulièrement. Vider son appartement a été un déchirement : c'était rompre son dernier lien avec l'Amérique, mais aussi avec la jeune femme qu'elle était avant son mariage. Lorqu'elle retourne dans la principauté, son esprit est toutefois monopolisé par ses obligations et par sa grossesse, comme l'atteste ce courrier à Prudy Wise, daté du 10 janvier 1957 :

> *Nous avons passé un Noël merveilleux. Il y avait une messe de minuit, ici, au palais, suivie d'un buffet-souper. La semaine précédant le jour de l'an a été consacrée à des fêtes pour différents groupes d'enfants. Drôle mais épuisant.*

Je suis grosse comme une maison et manque de force. La chambre du bébé n'est pas encore terminée et je m'angoisse parce que je n'arrive pas à ranger les affaires à leur place. Nous aurons une nurse suisse, une jeune fille qui a l'air gentille et tout à fait capable.

Je ne suis pas encore habituée à l'idée d'être une épouse ; une mère, n'en parlons pas. Je n'ai pas mené une vie normale depuis si longtemps qu'il me faudra un moment, j'imagine, avant d'être tout à fait apprivoisée.

14

Son rôle préféré

À une époque où il n'y avait ni réseaux sociaux, ni chaînes d'info continue, ni même télévision, radio ou téléphone, c'est-à-dire il y a quelques siècles, fut instituée une tradition sur le rocher de Monaco : quand Son Altesse Sérénissime le prince devenait père, on tirait une salve de coups de canon – cent un pour un garçon, vingt et un pour une fille – et la nouvelle se répandait comme une traînée de poudre, c'est le cas de le dire.

Ce 23 janvier 1957, sous un fin crachin – heureux présage, paraît-il –, on se garde de déroger à la tradition. Aujourd'hui encore, au XXIe siècle, on s'en écarte toujours pas. Sur le marché comme dans les bureaux, sur le port comme dans les commerces, dans la vieille ville comme dans le nouveau quartier de Monte Carlo, on s'est arrêté pour compter les tirs. L'écho du vingt et unième se perd dans la Méditerranée : Grace a donné naissance à une fille avec une dizaine de jours d'avance. Aussitôt, les cloches des huit églises de la principauté se mettent à sonner, tandis que le yacht d'Onassis fait retentir ses sirènes. La journée est déclarée fériée, les écoles fermées, le casino aussi, et l'unique détenu de la principauté libéré de prison.

Toujours suivant la coutume, le bébé est né au palais, dont la bibliothèque, drapée de soie verte selon une tradition irlandaise, a été transformée en salle d'accouchement. Caroline Louise Marguerite Grimaldi a vu le jour à 9 h 27. En parfaite santé, elle mesure soixante et un centimètres et pèse 3,73 kilos. Rainier a passé la nuit derrière la porte, fumant cigarette sur cigarette, en compagnie de sa sœur Antoinette et de sa belle-mère, Ma, arrivée la veille.

— J'ai fait exactement ce qu'ils attendaient de moi, commentera Grace. Neuf mois et trois jours après le mariage, le bébé est né. C'était ce qu'ils voulaient, résumera-t-elle pour son amie Gwen Robyns.

Seul Jack, son père, se montre déçu :

— Mince, une fille ! s'exclame-t-il.

Afin de couper l'herbe sous le pied des paparazzi, prêts à tout pour obtenir un cliché, y compris à soudoyer les membres de la famille, Rainier a pris le parti de composer avec la « pieuvre géante », comme il surnomme la presse. Deux jours après la naissance, équipé d'un déclencheur automatique, il prend la pose avec Grace et Caroline. Conscient de la valeur du document, il organise une mise aux enchères dans les salons de l'Hôtel de Paris, ainsi que le révélera Roger Thérond, mythique patron de *Paris Match* :

— Nous devions donner un prix et le mettre sous enveloppe. *Paris Match* a proposé six millions de francs, ce qui était beaucoup pour l'époque. C'est *France-Soir* qui l'emporta, avec un chèque d'environ sept millions de francs[1].

---

1. Michel Guerrin, *Profession photoreporter*, Gallimard/Centre Georges-Pompidou, 1988.

Dès lors, Rainier organisera régulièrement, mais avec parcimonie, des reportages en famille pour les grands médias.

— Je ne veux pas que ma fille ait une enfance encombrée et empoisonnée par un excès de publicité journalistique, écrira-t-il à Rupert Allan, chargé des relations presse pour l'international. Il faut doser et programmer soigneusement cette publicité pour éviter la saturation[1].

À la grande surprise des Américains, qui ne jurent que par les produits stérilisés et considèrent le biberon comme le summum de la modernité, Grace décide de donner le sein à Caroline. Elle deviendra, par la suite, membre de la Leche League qui prône l'allaitement maternel : un symbole du lien fusionnel qui la liera toujours à ses enfants.

Cinq mois après la naissance de Caroline, Grace apprend qu'elle est de nouveau enceinte. Cette fois, cent un coups de canon retentiront, mais la nouvelle a déjà eu le temps de se propager : une domestique a pris sur elle d'ouvrir une fenêtre du palais et d'annoncer à la foule assemblée sur le parvis en forme de cadran solaire : « C'est un garçon ! »

Né le 14 mars 1958, Albert, Alexandre, Louis, Pierre Grimaldi, né marquis des Beaux, sera le prochain prince de Monaco – même si les accords franco-monégasques permettent à une femme de monter sur le trône en l'absence de descendant masculin.

— Monégasques et résidents de la principauté, commentera Rainier, vous comprendrez la joie immense que j'éprouve en vous apprenant que la princesse, mon

1. Cité par Robert Lacey, *op. cit.*

épouse bien-aimée, a donné naissance aujourd'hui à un petit prince…

*

Dans ses mémoires parus sous le nom de Christian de Massy, le fils d'Antoinette et du champion de tennis Aleco, écrit :

> *Je suis entré dans cette famille bizarre,* […] *héritier de pères qui haïssaient leurs fils, de mères qui haïssaient leurs parents, de sœurs qui haïssaient leurs frères, véritable tradition du sang et source de conflits permanents*[1].

En bonne Américaine du Nord-Est, pour Grace, la famille est la valeur suprême. Elle qui n'a jamais joué une mère à l'écran a trouvé son plus beau rôle : maman. Loin des rumeurs malveillantes, elle est bien décidée à offrir à sa fille et à son fils la plus belle enfance – et Rainier de même, qui n'a rien oublié de ses jeunes années ballottées entre les pensionnats et les résidences de ses parents séparés. Au-delà de leurs désaccords, s'il est un point sur lequel ils se retrouvent, c'est bien celui-là.

— La seule formule magique pour élever ses enfants, dira-t-elle un jour, c'est de leur donner beaucoup d'amour.

Pour les épauler dans leur tâche, Rainier et Grace ont engagé une nurse bilingue, Maureen King, ancienne employée de l'écrivain Jean Anouilh, suffisamment jeune pour ne pas imposer des idées trop arrêtées sur

---

1. Christian de Massy et Charles Higham, *Palace. My Life in the Royal Family of Monaco*, The Bodley Head, 1986.

l'éducation. Quoi qu'il en soit, Grace passe l'essentiel de son temps avec ses enfants.

— J'ai toujours refusé de les traiter comme des étrangers, relégués à l'autre bout de la maison, expliquera-t-elle[1].

Le breakfast en famille est un rite obligatoire et les repas se prennent ensemble – du moins, quand Rainier et Grace n'ont pas d'autre obligation. Tous les soirs, elle leur raconte des histoires, inventant des contes de fées dont elle interprète les personnages avec son talent de comédienne. Durant la journée, elle n'hésite pas à jouer avec eux, toujours prête à rire de leurs facéties. C'est ainsi que, le 14 mai 1960, elle écrit à Prudy Wise :

> *Hier, jour de congé de la nurse, je les avais tous les deux. Je suis allée acheter un grand lit pour Albie. Il courait partout dans le magasin. Je l'ai retrouvé assis dans un fauteuil, dans la vitrine, amusant une centaine de passants. Il s'amusait beaucoup à crier quand je l'ai arraché de là. Il n'a que deux ans. Cela promet pour l'avenir.*

À défaut de poursuivre sa carrière d'actrice, Grace est restée une femme de cinéma. L'œil collé au viseur d'une caméra Super 8, elle ne cesse de filmer son bonheur familial. Frédéric Mitterrand a pu avoir accès aux bobines, longtemps gardées dans un coffre, pour un documentaire sur la princesse. On ne peut qu'être frappé par l'atmosphère détendue qui s'en dégage, loin de la rigidité que l'on pourrait imaginer : roulades sur la pelouse, jeux en panoplie d'Indien devant un tipi géant, sorties en hors-bord où Rainier prête sa pipe à

1. Howell Conant, *Grace*, Random House, 1992.

son fils, bataille de boules de neige devant un chalet à la montagne, Albert circulant en voiture électrique dans les jardins du palais… Insouciance et bien-être à l'état pur, Grace a trouvé son plus beau rôle : mère.

En matière d'éducation, les époux se fient aux théories développées par Benjamin Spock dans *Comment soigner et éduquer son enfant*, best-seller paru en 1946 aux États-Unis. Pour ce pédiatre, considéré par ses détracteurs comme le chef de file de l'école permissive, l'enfant doit être considéré comme une personne à part entière, un individu auquel on ne peut appliquer des recettes toutes faites – une révolution, à une époque où l'on estime encore qu'il convient d'abord d'enseigner la discipline.

Du coup, Rainier et Grace n'hésitent pas à s'affranchir de la bienséante ponctualité, comme le racontera Madge Tivey-Faucon :

— Chaque fois que sa mère et son père s'apprêtent à quitter le palais sans elle, Caroline fond en larmes. La princesse ne peut résister aux larmes de sa fille. Elle fait demi-tour au premier sanglot. Cela peut durer un quart d'heure. Mais elle ne s'impatiente ni ne se fâche jamais[1].

Dès que Caroline et Albert seront en âge de les accompagner, le couple princier ne manquera jamais de les emmener avec eux, au risque de les voir se comporter comme des petits diables. Il faut avoir vu le reportage de « Cinq colonnes à la une » où Grace et Rainier, en 1959, se confient à Pierre Desgraupes : Caroline, sur les genoux de sa mère, Albert, sur ceux de son père, gazouillent et babillent. Albert s'agrippe à son père et l'escalade, masquant son visage, sans que

1. *Cosmopolitan*, 1964.

Rainier ne songe à l'écarter. Séquence incroyablement moderne, tournée bien avant les photos de John F. Kennedy et John John dans le Bureau ovale de la Maison Blanche, gravant à jamais dans la mémoire collective l'image d'un bonheur parfait. Il n'y a plus ni prince ni princesse, mais un couple en famille. Vous avez dit protocole?

*

Même redécoré, le palais princier leur paraît bien austère. Dans les mois suivant son mariage, Rainier ne tarde pas à faire l'acquisition d'une propriété sur les montagnes surplombant la principauté. Situé à Roc Agel, sur la commune de La Turbie, c'est un vieux mas provençal aux murs de pierre, au toit de tuiles rouges et aux poutres apparentes, entouré de trente hectares de terrain laissés en grande partie à l'état sauvage. Une ferme que Grace rebaptisera « le ranch » – elle fera même aménager, bien avant la mode, une cuisine américaine de couleur turquoise, brisant la vision conservatrice du couple à l'européenne : la femme qui s'active aux fourneaux et l'homme qui pantoufle au salon.

Pour Grace, ce sera un havre de paix, une thébaïde, un lieu sans contraintes, où elle peut vivre, enfin, comme elle l'entend. Sans domestiques. Sans cérémonial. Habillée la plupart du temps d'un jean et d'une chemise blanche, ce qu'elle ne s'autorise pas au palais, elle échappe à son personnage. Redevenue une femme comme les autres, elle soigne ses roses, prépare le petit-déjeuner et fait griller les steaks au barbecue. Il faut faire partie du cercle des intimes pour être invité à y passer un moment. Ceux qui auront le privilège d'être conviés à dormir se comptent sur les doigts d'une main.

— C'est l'endroit où nous refermons la porte sur le monde[1], commentera Grace.

Même Rainier est un autre homme dans ce domaine qui fleure bon la lavande. Il s'épanouit en artiste du dimanche. Masque et gants de soudeur, il aime travailler la ferronnerie dans son atelier. Il lui arrive d'accompagner ses disques de jazz préférés – il partage avec Grace un goût prononcé pour la période swing – en jouant des balais et des baguettes sur sa batterie. Gentleman-farmer accompli, il s'occupe du potager et de la basse-cour. Aux chèvres, lapins, poulets et autres cochons, il a ajouté quelques animaux exotiques. Il y aura même un… hippopotame.

Réputé pour posséder l'une des plus belles collections philatéliques au monde – il a fait éditer un timbre spécial pour son mariage –, Rainier collectionne aussi les animaux. Une passion contractée en 1953, lors d'un voyage en Guinée française, après sa rupture avec Gisèle Pascal : il avait transformé son bateau en arche de Noé, ramenant à Monaco, pour les réunir dans un zoo, deux autruches, trois chimpanzés, quelques babouins et des crocodiles qu'il nourrissait et brossait chaque jour, l'équipage ayant refusé de s'en charger. Depuis, on lui en a offert bien d'autres, dont le tigre avec lequel il a joué devant Grace, lors de leur fameuse séance photo pour *Paris Match*.

— Je ne sais ce qui se serait passé sans notre petite retraite à la campagne, confiera-t-elle à Donald Spoto. Ou plutôt je le sais, mais je ne veux pas y penser !

---

1. *Weekend*, 1969.

Avec l'arrivée de ses enfants et l'aménagement de Roc Agel, Grace a retrouvé son allant. Mais, très vite, elle ne se contente pas d'être la « coordinatrice des affaires intérieures », comme Rainier la qualifie parfois. Elle va parvenir à trouver sa place dans cette principauté où le rôle de première dame était jusque-là celui d'un faire-valoir. En fin de compte, la seule chose qu'on exigeait d'elle était d'assurer la lignée, et elle s'en est acquittée. Son éducation lui a appris à toujours aller de l'avant, à surmonter les épreuves, à inventer sa vie.

Dans ce petit pays dont les casinos, le tourisme de luxe et la fiscalité avantageuse attirent les regards du monde entier, elle va s'intéresser aux oubliés du rêve monégasque. À l'orphelinat, elle impose que le grand dortoir soit compartimenté, afin que chaque enfant dispose d'une chambre. À l'hôpital, elle fait repeindre les murs et accroche elle-même des tableaux dans les chambres, afin d'offrir aux malades un cadre moins impersonnel. À la maison de retraite, elle lance un programme pour que des volontaires viennent tenir compagnie aux vieillards abandonnés à la solitude. Elle fera aussi construire des crèches pour les mères monégasques qui travaillent la journée. Les souffrances la scandalisent. Elle a toujours à l'esprit le petit peuple de Monaco, celui qui vit modestement. Grace est la super-assistante sociale de la principauté, la papesse du caritatif, la « princesse des cœurs », comme on surnommera plus tard Diana, cette autre altesse esseulée.

En mai 1958, Rainier lui confie la présidence de la Croix-Rouge monégasque, créée dix ans plus tôt par Louis II. Jusque-là, les réunions du comité de bienfaisance se caractérisaient par leur côté mondain plus que par leur efficacité. Lunettes sur le nez, Grace défend ses dossiers, impose ses idées, lance de nouveaux projets. Grâce à elle, chaque année au mois d'août, le bal de la Croix-Rouge devient l'un des événements majeurs de la Riviera, *the place to be* quand on prétend faire partie de cette jet-set européenne qui connaît alors son âge d'or. On s'y presse pour assister aux concerts d'Ella Fitzgerald, Frank Sinatra, Sammy Davis Jr ou Nat King Cole, entre autres stars américaines. Puisant dans son carnet d'adresses, elle ajoute au Rocher une part de rêve hollywoodien. Le couvert est à prix d'or, mais personne ne rechigne, au contraire, puisque c'est pour la bonne cause. Sous son impulsion, la Croix-Rouge monégasque deviendra, toutes proportions gardées, l'une des plus riches au monde, venant au secours des victimes de guerre ou de catastrophes naturelles. Elle s'y donne sans compter, témoin cette confidence à Prudy Wise, en 1960 :

> *La Croix-Rouge sera ma mort. Tu serais étonnée de voir avec quelle énergie je dois travailler.*

D'une certaine manière, Grace met ses pas dans ceux de sa mère, laquelle, non contente de se dévouer à son mari et à ses enfants, consacrait son temps libre aux œuvres de charité.

*

On n'échappe jamais à son éducation. À son enfance non plus. En 1960, Grace s'apprête à vivre l'un des moments les plus douloureux de sa vie. Jusque-là, le malheur l'a épargnée. Bien sûr, il y a eu des accrocs dans sa trajectoire, des doutes, des coups de déprime, mais rien d'irrémédiable, rien de définitif. Grace ou l'incarnation du bonheur, à la différence de Jackie Kennedy, l'autre icône américaine à laquelle on l'oppose souvent, dont la vie semble vouée au malheur et à la tragédie.

Fin mai, Jack Kelly, qui se plaignait depuis plusieurs mois de douleurs au ventre, est opéré. Sa mère la rassure, mais quelques coups de fil lui suffisent pour comprendre que son père est atteint d'un cancer à l'estomac. Aussitôt, Grace s'envole pour les États-Unis. Une des infirmières racontera l'arrivée de Grace dans les couloirs de l'hôpital, dévastée, se composant un sourire de façade au moment d'entrer dans la chambre de son père. Durant la quinzaine de jours que Grace va passer à Philadelphie, ces deux-là ne cesseront de se jouer la comédie, conversant comme s'ils ignoraient la gravité du mal, ratant une dernière occasion de se confier, de s'expliquer, de se comprendre, de se dire leur amour.

Le 20 juin, Jack meurt, quelques semaines avant son soixante-et-onzième anniversaire. Dans son testament, ces mots :

> *Par ce document, je ne puis vous transmettre que des biens matériels, à défaut de pouvoir vous léguer du caractère, car seul le caractère permet d'acquérir les biens de ce monde.*

Son père lui a légué ses valeurs – l'esprit sportif en moins –, mais elle a toujours eu l'impression de ne pas être à la hauteur de ses attentes. Jamais elle n'aura réussi à l'épater, quoiqu'elle ait toujours cherché à obtenir son approbation, gagner son admiration, remporter son amour. Qui éblouir maintenant ? À quoi bon se battre ?

— La mort de son père l'a grandement affectée, commentera Rainier. Certainement bien plus qu'elle n'a affecté les autres membres de sa famille, lesquels étaient liés par les convenances, mais manquaient cruellement de sensibilité[1].

1. Steven Englund, *op. cit.*

15

Femme de l'ombre

Finalement, Onassis avait vu juste quand il s'était mis en tête de marier Rainier et Marilyn : rien de mieux qu'un mariage avec une actrice hollywoodienne pour relancer cette machine à fric endormie qu'était le Rocher.

Depuis les noces, les vacanciers affluent à Monaco : on s'agglutine tous les matins à 11 h 55 pour la relève de la garde, dans l'espoir de voir passer le couple princier. Le tourisme de masse est en plein développement et la principauté en profite : elle retrouve la prospérité, l'argent s'engouffre dans les caisses de l'État. Bien décidé à faire entrer Monaco dans la modernité, Rainier envisage, par exemple, de recouvrir la voie de chemin de fer qui relie Nice à Vintimille et sectionne Monte-Carlo en deux, afin de construire des immeubles au-dessus.

La chronique mondaine, cependant, fait oublier la réalité politique. Rainier n'est pas maître en ses terres autant qu'on pourrait le croire. Il doit faire avec le Conseil national, lequel réclame une réforme constitutionnelle – en d'autres termes, un surcroît de pouvoirs. En janvier 1958, les élections marquent la victoire des hommes du notaire Jean-Charles Rey, apôtre d'un paradis fiscal monégasque et nationaliste convaincu, celui-là même qui avait mené la fronde en 1955 pour le destituer ! Un affront qui débouche sur une nouvelle crise lorsque le Conseil national refuse de voter le budget prévoyant l'augmentation de la subvention au musée océanographique, dont le commandant Cousteau vient de prendre la direction. Entre Rainier, qui considère qu'il faut investir pour se développer, et son parlement qui veut juguler les dépenses, le fossé est profond.

Pour Rainier, c'est l'heure de vérité. Doit-il céder ? Composer ? S'opposer ? Depuis toujours on le considère avec scepticisme, on doute de ses capacités, on s'interroge sur sa vision de la principauté. Sa position est plus fragile et inconfortable qu'on l'imagine. Refusant d'être un prince potiche, il décide de dissoudre le Conseil national et de suspendre la Constitution. Un véritable pronunciamiento qui sera l'acte fondateur de son règne. Dès lors, plus personne ne se risquera à le contester, d'autant qu'il ne cessera d'accroître la prospérité de la principauté.

Durant cette période, Rainier trouve en Grace son plus fidèle soutien. Elle l'incite à utiliser la manière forte : à lui de fixer les règles et non de les subir.

— Il a pris les choses en main, résumera-t-elle. Il a fait ce qu'il fallait. Il a fait le choix de renverser la table.

Sans doute l'opinion de Grace a-t-elle compté plus qu'on ne l'a dit dans cet épisode déterminant pour le reste de son action : Rainier n'a pas voulu paraître faible à ses yeux. Il sait que sa femme a besoin d'admirer pour aimer. Il s'est comporté comme son père Jack l'aurait fait dans pareille situation.

Dans cette affaire, Antoinette a de nouveau joué un rôle trouble : elle a la dissidence dans le sang. Une fois de plus, la maîtresse de Jean-Charles Rey a cru son heure venue. Rainier n'en attendait pas moins d'elle. Or, depuis son mariage, Antoinette a conservé ses quartiers au palais, débarquant quand bon lui semble. Pour Grace, la famille est chose sacrée. Non seulement elle exige son départ du palais, mais elle obtient qu'elle n'assiste plus à aucune manifestation officielle. Mieux : c'est elle-même qui la prie de faire ses valises.

*

Pendant la crise, Rainier a pu compter sur le soutien de la France. Les conjurés ont eu le grand tort de mettre en avant leur nationalisme. Or, si l'Hexagone tolère l'existence de Monaco, c'est par respect pour une lignée séculaire. En revanche, l'État français refuse catégoriquement l'idée d'une nation monégasque.

Quelques jours après ce que d'aucuns appelleront le « coup d'État » de Rainier, le général de Gaulle nomme, en vertu du traité franco-monégasque, son nouveau représentant, Émile Pelletier. Préfet hors cadre, le ministre d'État, puisque tel est son titre, joue à Monaco le rôle d'un Premier ministre. Proche du général, il a été son premier ministre de l'Intérieur lors de son retour au pouvoir en 1958. D'emblée, il affiche son soutien à Rainier en affirmant qu'« il s'est produit ici un 13 mai » – allusion aux généraux félons qui avaient fomenté le putsch d'Alger.

Désormais, Rainier a les mains libres pour conduire ses travaux pharaoniques. Afin d'agrandir leur territoire, les rois envoyaient jadis leurs conquérants, lui va lancer une armée de pelleteuses à l'assaut de la mer. Son but est de gagner quarante hectares, soit près du tiers de la superficie de la principauté, en comblant les rives des quartiers du Larvotto et de Fontvieille.

En octobre 1959, Rainier entreprend une visite officielle à Paris. Le général de Gaulle a accepté de recevoir le couple princier, et Grace redoute ce moment : elle sait que le chef d'État français a une défiance naturelle pour tout ce qui est américain. Elle a demandé à lire ses *Mémoires*, mais, devant le nombre de volumes, a réclamé qu'on lui en fasse un résumé. Durant son entretien avec le grand homme, elle insistera pour lui parler en français. Il jugera ses fautes « charmantes » : il a été conquis par sa beauté, son élégance, sa politesse et sa modestie. Elle n'a rien d'une arrogante *Yankee*.

Au cours des jours qui suivent, elle visite sans relâche hôpitaux, écoles et orphelinats. Un travail de fond pour consolider l'image de la principauté.

— Grace est mon meilleur ambassadeur, commentera Rainier.

Quelques mois plus tard, en octobre 1960, c'est le général de Gaulle qui se rend à Monaco, mais la belle entente avec la France ne tarde pas à se fissurer. D'abord, de Gaulle s'irrite du recrutement par Rainier d'un nouveau conseiller personnel, Martin Dale, ancien vice-consul américain à Nice, que les services secrets français soupçonnent d'appartenir à la CIA. Chargé d'amener de nouveaux investisseurs, « Richelieu » – comme les Monégasques le surnomment – développe la chambre de commerce : en moins de deux ans, une centaine de nouvelles sociétés s'installent à Monaco, dont une bonne partie de françaises qui voient là un bon moyen d'échapper à l'impôt sur les bénéfices. C'est ainsi qu'une dizaine de transporteurs, par exemple, font rouler leurs camions sur les routes françaises avec des plaques monégasques, alors qu'elles n'ont même pas de bureau dans la principauté. D'autre part, depuis 1869, celle-ci ne perçoit aucun impôt direct auprès de ses résidents : il suffit de louer ou acheter un appartement et d'attendre cinq ans pour bénéficier de cette exemption. Au milieu d'Italiens, d'Anglais, d'Allemands et d'Américains, de nombreux Français cèdent aussi à ce que l'on n'appelle pas encore l'exil fiscal. Parmi eux, de nombreux pieds-noirs désireux de mettre à l'abri leur argent au moment où se profile l'indépendance de l'Algérie : des opposants notoires à la politique algérienne du général – ils financent parfois l'OAS – auxquels ce dernier n'est pas décidé à faire de cadeau…

Pour la France, le manque à gagner est de plus en plus patent. On parle de 600 millions de francs. Que l'Hexagone accepte l'existence de la principauté, c'est une chose ; qu'elle détourne ses recettes, c'en est une autre. Le clash va survenir quand Paris décide de prendre le contrôle de Radio Monte-Carlo, qui arrose le Bassin méditerranéen malgré le monopole d'État sur la radiodiffusion. Rainier refuse, Émile Pelletier hausse le ton. Leur explication vire à l'altercation – on parlera d'insultes et même de menaces physiques. Finalement, Rainier décide de congédier le ministre d'État, prié de prendre le premier avion pour la capitale. De Gaulle est furieux : c'est la France qui a été humiliée.

— C'est encore une histoire d'Américains, ils se foutent partout ! lance le général à Pelletier venu rendre compte de la situation.

Il saisit l'occasion pour lancer un ultimatum : Monaco a six mois pour aligner son régime sur celui de la France. Sinon, c'est le blocus : plus d'eau, plus de gaz, plus d'électricité, plus d'essence, plus de téléphone.

— J'ai foi en mon mari et en son habileté, commente alors Grace. Je sais qu'il saura résoudre le problème. J'ai rencontré le général de Gaulle. Je ne puis croire qu'il ait décidé soudain de se montrer déraisonnable[1].

Alors que toutes les négociations échouent, Rainier comprend qu'il doit montrer l'image d'un Monaco uni. Réveillant le nationalisme de ses opposants pour défendre la souveraineté de la principauté, il ressuscite le Conseil national et promet une nouvelle Constitution. Reste le cas d'Antoinette.

— Ça la fiche mal, lui fait remarquer Grace, que ta propre sœur et son mari n'aient même pas la permission de venir au palais. À moi non plus, ça ne me plaît pas de les revoir, mais il le faut.

Rainier et Grace prendront donc la route d'Èze pour rencontrer Antoinette et Jean-Charles Rey, devenu entre-temps son mari. Fin du bannissement : elle pourra de nouveau participer aux cérémonies officielles.

Mais de Gaulle reste inflexible et, le 12 octobre 1962 à minuit, sous une pluie diluvienne, des douaniers français en ciré prennent position à la frontière et installent des panneaux « Halte ! Douane » au milieu de la chaussée. Le général, qui aimait dire : « Pour faire le blocus de Monaco, il suffit de deux panneaux de sens interdit », a mis ses menaces à exécution. Grace, qui se trouve alors à Paris avec Rainier, écrit à Prudy Wise :

> *On a du mal à régler ce problème avec les Français. Ils peuvent encercler Monaco avec des barbelés dès demain.*

---

1. Cité par Randy Taraborelli, *op. cit.*

C'est l'état de siège, l'asphyxie programmée, le marasme. « Monaco en guerre », titre *Paris Match*. Le gouvernement français bloque même l'importation des produits pharmaceutiques sortis de la dizaine de petits laboratoires installés sur le Rocher. L'exception monégasque est en passe d'être rayée de la carte. En pleine panique, la principauté bruisse de rumeurs : des parachutistes vont atterrir sur le casino, les navires de la Royale vont bloquer le port, la Navy américaine refuse d'intervenir, Rainier sera contraint à l'exil.

Loin de capituler, Rainier poursuit les négociations, et un accord se dessine : les Français résidant à Monaco depuis moins de cinq ans paieront leurs impôts dans l'Hexagone ; en revanche, les étrangers continueront d'en être exonérés. De Gaulle met ainsi fin à l'évasion fiscale française, mais Rainier a sauvé l'essentiel. De ce choc entre le pot de terre et le pot de fer, il ressort plus fort que jamais. Fier comme un Grimaldi, impulsif comme un Méditerranéen, il s'est de nouveau comporté en patron. Parfois sanguin, radical, obstiné, il a pu compter sur Grace pour ne pas franchir le point de non-retour. Elle est son assurance sang-froid.

— Ce fut la première crise diplomatique sérieuse qu'elle ait connue, se souvient Rainier. C'était pour elle un territoire inconnu. Elle a dû apprendre, découvrir elle-même ce qui se passait. Une fois qu'elle eut compris, elle m'a soutenu tout du long. Elle proposait toujours des suggestions, mais ne se mêlait pas de mes décisions. Je n'irais pas jusqu'à dire qu'elle était mon meilleur conseiller, parce que jamais elle n'a voulu assumer cette position. Au contraire, elle me mettait toujours en garde, me disait de ne pas agir trop vite. Elle tenait à ce que je maintienne le dialogue avec les Français en me suggérant de ne pas foncer trop rapidement. Elle et moi formions vraiment une bonne équipe[1].

Il faudra attendre 1993 pour que la principauté soit admise à l'ONU, mais, par sa présence, par sa notoriété, par son charisme, Grace a pleinement rempli son rôle : conférer notoriété et crédibilité à ce petit État baigné par la Méditerranée. Non seulement Monaco s'est développé depuis son mariage, mais le couple a eu les honneurs de voyages officiels aux États-Unis, où il a été reçu par Eisenhower puis Kennedy, en Espagne, en Italie, au Vatican. En juin 1961, sur les traces de ses ancêtres, Grace a été accueillie comme une reine en Irlande : plus de dix mille personnes sont venues l'acclamer à l'aéroport ! Ce jour-là, elle portait un tailleur vert. On ne se soustrait pas à ses origines.

1. Jeffrey Robinson, *op. cit.*

16

HITCHCOCK *AGAIN*

Difficile, quand on a été actrice, de se contenter d'un seul rôle – même si ce rôle fait rêver le monde entier.

Depuis qu'elle est arrivée à Monaco, Grace vit avec le regret, non de Hollywood, mais de son art. Peintre, vous pouvez manier les pinceaux en solitaire dans votre atelier. Sculpteur, vous pouvez façonner la glaise ou manier le burin. Écrivain, vous pouvez noircir des rames de papier. Mais comment jouer la comédie sans metteur en scène ? Sans partenaire ? Sans public ?

Grace a vite compris que Rainier ne céderait pas à son désir de poursuivre sa carrière. Ne pouvant même plus signer d'autographe sous le nom qui l'a rendue célèbre, elle doit se résoudre à être une autre. À accepter d'être dépossédée d'une part d'elle-même. Malgré la conviction qu'elle met dans ses activités humanitaires, malgré la passion qu'elle voue à ses enfants, son éloignement des plateaux n'a fait qu'accentuer les moments difficiles qu'elle a vécus à la suite de la disparition de son père et à une première fausse couche. Elle passe alors une partie de ses journées au lit, comme le racontera Madge Tivey-Faucon :

— Au début, je pensais qu'elle était malade, pour se coucher ainsi au milieu de la journée. Mais bientôt je m'y suis habituée, le prince aussi d'ailleurs. Le téléphone pouvait sonner, les visiteurs attendre, la princesse dormait et avait donné des ordres pour qu'on ne la réveille pas[1].

Même loin de Hollywood, Grace se tient au courant des nouveaux projets et des derniers potins. Chaque visite d'un ancien partenaire est comme une récréation, une bouffée d'oxygène, une sorte de retour à son moi profond – même si Rainier les goûte modérément, sans doute, car ces moments sont le témoignage d'une époque où il n'avait aucune prise sur elle. Un jour où David Niven, propriétaire d'une villa à Saint-Jean-Cap-Ferrat, était venu prendre le thé au palais, Rainier s'est aventuré à lui demander le nom de sa conquête préférée. « Grace ! », a-t-il répondu, avant d'ajouter, confus devant la mine renfrognée du prince : « Euh… Gracie Fields ! » Lorsque Cary Grant lui annonce qu'il vient passer quelques jours sur la Côte d'Azur, elle va l'accueillir elle-même à l'aéroport – un geste qu'elle réservait à sa propre famille. À cet instant, c'est Grace Kelly qui reçoit et non Grace de Monaco. La question de l'identité est une clé essentielle pour comprendre sa personnalité.

Jay Kanter, son agent, continue de lui transmettre des propositions, mais, chaque fois qu'elle est tentée, la discussion avec Rainier tourne court : c'est non, et Grace s'enferme dans la bouderie.

Un jour, Onassis lui fait part d'une offre du producteur Spyros Skouras : 1 million de dollars pour jouer

1. *Cosmopolitan*, 1964.

dans *La Plus Grande Histoire jamais racontée*, une adaptation de la Bible. Maria Callas est également au générique.

— La Vierge Marie ? Pas question ! s'esclaffe-t-elle. Maintenant, Marie-Madeleine…

En 1961, Rita Gam, son ancienne colocataire de West Hollywood, est de passage à Monaco après avoir reçu l'Ours de la meilleure actrice pour *No Exit*, une adaptation de la pièce *Huis clos* de Sartre. On débouche le champagne, mais, derrière les compliments, Rita décèle une sourde tristesse :

— Sa réaction enthousiaste témoigne de son exceptionnelle générosité. Mais j'ai perçu, sous l'affection, un soupçon de jalousie d'actrice.

Grace a beau dire dans ses interviews qu'elle « évite de regarder en arrière » et « préfère les bons souvenirs aux regrets », au fil des mois, Rainier prend conscience du manque qu'elle ressent.

— Il y a des moments où la princesse devient songeuse, un peu mélancolique. Et je le comprends, commentera-t-il. Quand on s'est exprimé à travers un art, aussi brillamment qu'elle l'a fait, à une époque de sa vie, on doit souffrir de devoir y renoncer totalement. Le plus dur pour elle, quand elle m'a épousé, a été d'abandonner son métier.

En 1962, il va se montrer moins intransigeant…

*

Depuis *La Main au collet*, Alfred Hitchcock s'est lancé dans une quête éperdue : trouver une nouvelle Grace Kelly. Ou, plus exactement, transformer toutes ses actrices en Grace Kelly.

— Je ferai de vous la nouvelle Grace Kelly, dit-il chaque fois qu'il en engage une.

Tel le personnage interprété par James Stewart dans *Sueurs froides*, il est obsédé par l'idée de recréer une femme – un amour? – perdue. À Vera Miles – une brune, pourtant –, qu'il a repérée dans une pub Coca-Cola, il offre un contrat de cinq ans avec une clause d'exclusivité. Il demande à Edith Head de lui dessiner une garde-robe complète pour la façonner selon ses désirs, contrôle ses fréquentations et entretient avec elle une relation aussi exclusive qu'étouffante durant le tournage du *Faux Coupable*. Pour s'en échapper, elle se mariera au cours des prises de vues; dès lors, tel un amant éconduit, il se détournera d'elle, comme il s'est désintéressé d'Eva Marie Saint ou de Doris Day, blondes pourtant, qui n'étaient jamais entrées dans son jeu.

Avec Tippi Hedren, son interprète des *Oiseaux*, il basculera dans une monomanie morbide que l'on qualifierait aujourd'hui, dans les tribunaux, de «harcèlement moral». Il la remodèle à l'image de Grace et n'hésite pas à lui faire des avances, lui qui s'est toujours contenté de fantasmer. Devant ses dérobades, il finira par envoyer à sa fille, Melanie Griffith, une poupée dans un cercueil…

Entre-temps, il a dû renoncer à l'idée d'un *come back* de sa muse. Longtemps persuadé qu'il lui suffirait de patienter pour «célébrer son retour», il a dû déchanter.

Début 1962, le maître du suspense envoie pourtant à Grace une première version du scénario de *Marnie* et, le 19 mars, le Palais annonce que la famille princière partira en août aux États-Unis où la princesse effectuera son retour au cinéma sous la direction de Hitchcock.

Back in business… Le communiqué est habile : il tue dans l'œuf toute rumeur de désertion et plus encore de séparation du couple.

Qu'est-ce qui a pu motiver Rainier à revenir sur sa décision ? Sa complicité avec Hitchcock, qui accompagne toujours ses courriers à Grace de cassettes de chansons paillardes à son intention ? Plus probablement a-t-il compris qu'un « non » de plus serait un « non » de trop, celui qui pousserait Grace au divorce.

— J'estime qu'il serait injuste de ma part de continuer plus longtemps à l'empêcher d'exercer son métier, se justifiera Rainier auprès de l'un de ses amis. Elle est si douée, elle prend tellement de plaisir à le faire. Pourquoi un tel talent devrait-il demeurer inemployé[1] ?

Mais l'histoire va rebondir.

D'abord, c'est la MGM qui se manifeste par une lettre de son président Joseph Vogel adressée à Hitchcock :

> *Lorsque Miss Kelly a quitté le pays pour devenir la princesse Grace, il restait quatre ans et demi avant l'expiration de son contrat. Cette portion en suspens représente pour notre société un actif important mais inutilisé. Tant que la princesse Grace demeurait en retrait, nous estimions devoir nous résigner à ce contrat non honoré – bien que je sois intervenu en 1960 pour essayer de la convaincre de faire exactement ce que vous avez obtenu d'elle. Mais nous considérons, en toute logique et toute justice, que son retour devrait s'effectuer avec la participation de la Metro Goldwyn Mayer*[2].

1. Cité par Sarah Bradford, *Princess Grace*, Stein and Day, 1984.
2. Lettre du 28 mars 1962, Archives de l'Academy of Motion Picture Arts and Sciences.

En fait, la MGM n'a jamais rompu les ponts avec Grace Kelly. La consultation des archives du studio révèle que, depuis 1956, elle figurait toujours parmi les salariés, un employé remplissant chaque semaine sa « fiche de congés ». La réaction de Joseph Vogel est donc de bonne guerre : une négociation financière aurait probablement réglé la situation.

Ce qui va faire capoter l'affaire, c'est le contexte politique. Pour la première fois, un casting va prendre des allures d'affaire d'État. Le Palais n'a pas tardé à faire savoir que le cachet de la princesse – 1 million de dollars – serait reversé à une fondation pour les enfants et les jeunes sportifs déshérités de Monaco, mais nous sommes alors au cœur du bras de fer entre Rainier et de Gaulle. Dans la principauté, personne ne s'étrangle à l'idée que la princesse puisse interpréter une femme frigide et kleptomane, puisque personne ne connaît le contenu du scénario ; en revanche, les Monégasques ont l'impression de se sentir abandonnés, voire trahis. C'est le désarroi, le tollé, l'hallali. « Elle s'en va au moment où l'on a le plus besoin d'elle », ne cessent de répéter ses sujets. C'est à peine s'ils ne lancent pas une pétition. Même le Vatican s'en mêle : le pape Jean XXIII se fend d'une lettre lui demandant, en tant que catholique, de renoncer à son projet. Début juin, elle annonce au quotidien *Nice matin* :

— Finalement, je ne vais pas faire ce film.

Dans les jours qui suivent, elle écrit à Hitchcock :

> *Cher Hitch,*
>
> *Abandonner le film a été un crève-cœur. J'étais tellement ravie d'y participer et surtout de travailler de nouveau avec vous. Quand nous nous rencontrerons, je vous expliquerai toutes les raisons de*

vive voix, ce qui est difficile à faire par lettre ou par un tiers. Il est regrettable que les choses aient dû se passer ainsi et j'en suis très profondément désolée. Merci, cher Hitch, pour votre compréhension et votre aide, je déteste vous décevoir. Je déteste aussi qu'il y ait tant de têtes de « bétail[1] » aussi capables que moi de jouer le rôle. Malgré cela, j'espère rester l'une de vos « vaches » sacrées. Avec ma profonde affection[2].

Quelques jours plus tard, le réalisateur lui répond :

Chère Grace,

Oui, c'est triste, n'est-ce pas. Je me réjouissais tellement de ce nouveau film ensemble. Mais pour moi, sans aucun doute, vous avez pris la bonne décision. Après tout, ce n'était qu'un film. Alma se joint à moi pour vous envoyer nos pensées les plus tendres et les plus affectueuses[3].

Pour Grace, ce désistement est plus qu'une simple capitulation : c'est un véritable renoncement. Une amputation de son être. La fin de son rêve enfoui de reprendre, un jour, son métier de comédienne. Un moment d'autant plus délicat à négocier qu'elle est de nouveau enceinte – ce qui ne remettait pas le film en question, celui-ci ayant été reporté à l'été suivant – et que sa grossesse va tourner court dans les jours suivant. Sa deuxième fausse couche consécutive. En juillet, elle écrit à Prudy Wise :

---

1. Allusion à une formule célèbre de Hitchcock, qui comparait les acteurs à du « bétail ».
2. Voir reproduction de la lettre manuscrite, annexe n° 1, p. 241.
3. Voir reproduction de la lettre manuscrite, annexe n° 2, p. 243.

C'était juste à la fin du troisième mois. Cette expérience terrible m'a ébranlée, à la fois mentalement et physiquement.

En fait de conte de fées, elle est, de nouveau, en plein désarroi existentiel.

Annus horribilis...

*

Un an et demi plus tard, le 1er février 1965, Grace donne naissance à son troisième enfant, Stéphanie, Marie, Élisabeth. Frank Sinatra sera son parrain. Une lumière dans la vie de la princesse, qui va la choyer d'autant plus que Caroline et Albert vont désormais à l'école. Pourtant, Grace reste insatisfaite : la mère est comblée, mais la femme ?

Dans ses interviews, elle prend toujours soin de ne pas se livrer à cœur ouvert. À chaque question personnelle, elle oppose un sourire glacial et chacun de ses mots semble poli à la limite des convenances. D'une impressionnante maîtrise de soi, elle fait toujours bonne figure – comme le lui a enseigné samère. Pourtant, dans une interview à *Playboy* parue en janvier 1966, elle n'hésitera pas à fendre l'armure :

— Êtes-vous heureuse ?

— Je ne recherche pas le bonheur à tout prix. Aussi, je suis assez satisfaite de ma vie, en un sens.

— Comment définiriez-vous le bonheur ?

— Je suppose que l'on peut s'estimer heureux lorsqu'on est en paix avec soi-même. Que l'on n'est pas sans cesse à la recherche d'autre chose.

— Vous sentez-vous en paix avec vous-même ?

— Je pense me connaître assez bien. Et je dois avouer que je suis en conflit permanent avec moi-même…

— Puisque vous ne semblez pas avoir trouvé la tranquillité de l'esprit, qu'est-ce qui pourrait, à votre avis, vous y aider?

— Eh bien, j'ai de nombreuses ambitions frustrées…

Quelques semaines plus tard, le couple princier doit fêter ses dix ans de mariage. Rainier lui demande quel cadeau lui ferait plaisir.

— Une année sabbatique, répond-elle.

Évidemment, il n'en est pas question.

17

Les meilleures années

C'est le vice-prince de Monaco : depuis qu'il a pris le contrôle de la Société des bains de mer, Aristote Onassis règne sur l'hôtellerie et le jeu. Il met un point d'honneur à ne jamais appeler Rainier « Votre Altesse » ou « monseigneur » ; devant ses collaborateurs, il le nomme « M. Grimaldi ». « Monte-Greco », comme d'aucuns le surnomment, n'a pas de couronne, mais le nerf de la guerre : l'argent.

Dans le port de la principauté, le *Christina*, son yacht de quatre-vingt-dix-neuf mètres, reste illuminé une bonne partie de la nuit. C'est l'étendard de sa flotte, sa vitrine, le lieu où il reçoit les grands de ce monde, de Churchill à Frank Sinatra, de John Fitzgerald Kennedy à Elizabeth Taylor. Ancienne frégate de la marine canadienne, le yacht mélange luxe et kitsch : les repose-pieds du bar sont en fanon de baleine. À côté, le *Deo Juvante* de Rainier – quarante-cinq mètres tout de même – fait figure d'annexe.

Tenant à la fois du nabab levantin et du jet-setteur, cheveux argentés tirés en arrière, cigare entre les doigts, le Grec – comme on le surnomme – cultive le mystère et l'exhibitionnisme. On ne devient pas l'homme le plus riche de la planète sans être filou, menteur et retors. Onassis s'est engagé à embellir et rénover les Bains de mer, mais après avoir surélevé l'Hôtel de Paris de trois étages et d'un restaurant panoramique à toit ouvrant, il a cessé d'investir. Depuis, Rainier et lui s'affrontent avant de se réconcilier à grand renfort d'embrassades, en bons Méditerranéens orgueilleux et susceptibles. En fait, ils n'ont pas la même conception du développement de la principauté. Onassis vise le haut de gamme :

— Monaco sera toujours prospère tant qu'il restera trois mille riches sur terre, aime-t-il à répéter.

Rainier, lui, veut profiter du développement du tourisme de masse en construisant des hôtels modernes, confortables et fonctionnels. Malgré leurs différends en affaires, les deux hommes continuent pourtant de se retrouver à bord du *Christina*. Grace s'est liée d'amitié avec Maria Callas, la nouvelle compagne de l'armateur. Toutes deux sont des artistes égarées par amour dans un monde qui n'est pas le leur : quand la cantatrice fait ses vocalises, Onassis s'enfuit à l'autre bout du bateau et allume les radios à fond. Une réelle complicité unit les deux couples et le Grec s'amuse avec indulgence de la vivacité facétieuse de Caroline et Albert qui « le taquinent, lui mordent les oreilles et le poussent dans la piscine », comme le racontera Rainier. En 1961, le couple princier a même fêté son cinquième anniversaire de mariage sur le *Christina*, lors d'une croisière aux Baléares.

Mais *business is business*. Quand Onassis s'oppose à l'arrivée de la chaîne Holiday Inn dans la principauté, le sang de Rainier ne fait qu'un tour. Affûtant sa riposte, il charge Grace de lancer les hostilités – ce qui montre bien à quel point il l'associe pleinement en cas de crise.

— Je ne pense pas que les intérêts de M. Onassis dans la Société des bains de mer soient d'une grande importance rapportés à l'ensemble de son empire, déclare-t-elle. J'ai le sentiment que la plupart de ses actions ont toujours été pour lui un amusement plus qu'une affaire sérieuse et professionnelle.

Dans cette ville qui a bâti sa réputation sur le jeu – même si le casino ne représente plus que 4 % des recettes –, Rainier va sortir un atout de sa manche : en juin 1966, il fait voter au Conseil national la création de six cent mille actions nouvelles détenues par le seul État monégasque. Cette augmentation de capital à la hussarde prive Onassis de la majorité – donc du pouvoir. Une nationalisation pure et simple dans le pays symbole du capitalisme ! Le milliardaire portera l'affaire devant la Cour suprême monégasque, qui le déboutera, et la principauté rachètera ses parts pour 10 millions de dollars.

Exit Onassis. Rainier est enfin seul maître chez lui. Holiday Inn s'installera bien à Monaco, mais l'hôtel fera faillite et l'immeuble sera revendu en appartements. Dès lors, Rainier vouera la principauté à ce qui a toujours été son ADN : le luxe et le haut de gamme…

*

Grace a toujours aimé que Rainier se montre fort.

Paradoxalement, son retour raté au cinéma a été, en quelque sorte, une libération. Jusque-là, elle prenait le refus de Rainier de manière personnelle, comme une espèce de caprice. C'était devenu une source de conflits permanents et, pire, de rancœurs. En donnant son accord, il a levé un malentendu.

Elle aurait pu voir dans la réaction des Monégasques une marque de défiance ; elle l'a vécue comme une forme de reconnaissance : ils ont cessé de la « prendre pour une Martienne », comme elle l'avait souvent regretté.

Dix ans se sont écoulés depuis son mariage et elle a compris que la vie en couple n'est pas un lit de roses : bonheur domestique ne rime pas avec romantisme. Souvent, elle cite une phrase extraite du *Prophète* de Khalil Gibran : « Quand l'amour t'appelle, suis-le, même si sa voix doit briser tes rêves, tandis que le vent du nord dévaste le jardin. C'est pour ton mûrissement. »

Une forme de résignation qui ouvre la voie à ce qui sera sûrement la période la plus heureuse de sa vie de princesse – même si elle vivra un nouveau drame intime lors d'un voyage à Montréal : une nouvelle fausse couche qui la privera à tout jamais de la possibilité d'avoir un quatrième enfant. Désormais, elle ne vivra ni dans la nostalgie ni dans le remords, mais dans le présent.

Différents, Grace et Rainier le sont comme l'huile et l'eau. Ils n'ont ni le même caractère ni les mêmes passions. Quand ils vont à l'opéra, il n'est pas rare que Rainier s'endorme et, quand elle organise une soirée au Palais, il a du mal à cacher son ennui. Alors qu'elle aime passer d'une table à l'autre, il reste souvent à la sienne. Le prince aime être le roi de la fête. Mais ils sont unis par le même amour de leurs enfants et de leur petite dernière.

— Stéphanie avait l'art de mener maman par le bout du nez. Et encore plus papa, racontera Albert[1].

---

1. Jeffrey Robinson, *op. cit.*

L'été, Grace expédie ses enfants à Ocean City. Ils sont parfaitement bilingues – Grace leur parle toujours en anglais –, mais elle tient à ce qu'ils soient imprégnés de culture américaine. En retour, elle accueille à Roc Agel ses neveux, qui trouvent auprès d'elle une oreille attentive lorsqu'ils sont en conflit avec leurs parents.

Depuis la mort de son père, elle est devenue la chef du clan Kelly.

*

En 1969, Grace célèbre ses quarante ans. Un tournant qu'elle vit difficilement :

— Je ne supporte pas l'idée de vieillir, confie-t-elle au magazine *Look*. J'ai ressenti cet anniversaire comme une grande secousse. C'est le genre de réalité que l'on reçoit en pleine figure, comme un coup de poing. Pour une femme, l'arrivée de la quarantaine est une véritable torture.

Pour l'occasion, elle pose sous l'objectif du fidèle Howell Conant dans le salon bleu du palais princier. En arrière-plan, les armoiries de la famille Grimaldi. Dans son fourreau de soie ivoire créé par Marc Bohan, son couturier fétiche, barré du cordon de l'ordre de Saint-Charles, la plus prestigieuse distinction monégasque, le regard fixe, visage figé sous une couronne de diamants, elle *est* Grace de Monaco, hiératique, altière, souveraine. Une étonnante sérénité se dégage toutefois du cliché.

Au-delà des contraintes protocolaires, cette période est celle pendant laquelle Grace va le mieux s'accomplir dans ses fonctions de princesse. Outre ses activités à la Croix-Rouge, elle crée et développe l'Association mondiale des amis de l'enfance (Amade), ainsi que la Fondation Princesse-Grace, tout en impulsant une dimension culturelle à la principauté avec la création du Festival de télévision et le Grand Prix d'art contemporain. Plus tard, au milieu des années 1970, elle relancera les Ballets de Monte-Carlo. Elle coupe les rubans, discourt, préside, honore de sa présence, travaillant chacune de ses apparitions comme autrefois ses rôles : avec rigueur et discipline. Elle a toujours conjugué sa vie au plus-que-parfait.

— La princesse Grace est en quelque sorte mon ministre de la Jeunesse, des Loisirs, de la Santé et de la Solidarité, résumera Rainier non sans fierté.

Mais, de toutes ses initiatives, sa préférée est le Garden Club, créé en 1968, un centre d'horticulture organisant des concours d'art floral et la décoration des hôpitaux et hospices au moment de Noël. Grace s'est en effet découvert une passion pour les fleurs. Plusieurs fois par semaine, elle part en cueillir aux alentours de Monaco, souvent accompagnée de Marcel Kroenlein, directeur du Jardin exotique, qui lui fait découvrir la flore locale en savant. Pour éviter de voir se faner sa collecte, des amis de Philadelphie l'initient à l'art des fleurs séchées, qu'elle commence à glisser dans de vieux annuaires de téléphone. Elle trouve là une manière d'exprimer ses ambitions artistiques. En 1977, elle exposera même ses œuvres chez Drouant, à Paris. Au cours du dîner, Rainier, présent au vernissage, s'emparera de quelques fleurs constituant la décoration de la table et les déposera dans son assiette en lançant à la cantonade :

— Vendu !

Les convives riront – on rit toujours aux plaisanteries d'un prince souverain, mais Grace se figera. Rainier ne peut lui signifier plus clairement le peu de considération qu'il a pour son travail. Tous ses tableaux lui paraissent bien dérisoires à côté de son propre chef-d'œuvre : la métamorphose de Monaco. Partout dans la principauté, des grues s'érigent pour construire des buildings tous plus hauts et plus luxueux les uns que les autres, provoquant une flambée de l'immobilier. Mais comment ne pas penser que ce rejet s'explique aussi par la signature de ses œuvres : GPK, pour Grace Patricia Kelly. Son nom de jeune fille. Tout, chez elle, est décidemment question d'identité.

Pas découragée, Grace créera l'année suivante une collection de draps pour Spring Mills et, en 1980, elle publiera un livre de photos de ses collages, *My Book of Flowers*, signé Princesse Grace de Monaco, chez le prestigieux éditeur américain Doubleday, accompagné de textes de Gwen Robyns. La rencontre entre les deux femmes est pour le moins inattendue. Gwen Robyns avait entrepris une biographie de Grace au début des années 1970. La princesse avait refusé d'y participer, mais la journaliste avait gagné la confiance de sa sœur Peggy et de sa mère, lesquelles n'avaient pas fait mystère des amours passées de Grace, avec force détails croustillants. Soucieuse de vérifier ses écrits, Gwen Robyns a envoyé son manuscrit à Monaco. Quelques jours plus tard, Grace lui a donné rendez-vous dans son pied-à-terre parisien, plus embarrassée que jamais. Tout était vrai, mais elle redoutait les dommages collatéraux.

— William Holden? euh… mon mari n'est pas au courant pour celui-là…

Sous le charme de Grace, « ensorcelée » pour la citer, Gwen Robyns a accepté de publier une version édulcorée de son livre. Après la parution, la princesse l'a rappelée :

— Je ne croyais pas que vous l'auriez fait. Venez me voir !

« Qu'est-ce qu'un homme ? Un misérable petit tas de secrets », disait André Malraux. En ne divulguant pas ceux de l'actrice devenue princesse, en ne trahissant pas sa parole, Gwen Robyns a gagné ce qu'elle ne cherchait pas : l'amitié de Grace.

18

Mariage éclair

Grace a quitté l'Amérique alors qu'Elvis Presley n'avait pas encore décroché son premier tube. La France, elle, vivait sous la IVe République. Depuis, il y a eu la guerre d'Algérie, la décolonisation, l'assassinat de JFK, l'essor du mouvement hippie et Mai 68, la guerre du Vietnam et le premier choc pétrolier qui impose un mot nouveau : la crise. Le monde a changé, mais Grace n'a rien vu venir.

En 1976, lorsqu'elle est nommée au conseil d'administration de la Fox, c'est une femme d'une autre époque qui demande « quels films on prépare pour Noël ». Quand on lui énumère les titres, elle ne voit que sexe et violence, permissivité et horreur, regrettant que l'« on ne fasse plus de spectacles familiaux ». Son Hollywood a des allures de cimetière des éléphants : Francis Coppola, Martin Scorsese, Steven Spielberg ont balayé les vétérans d'autrefois. Audrey Hepburn, Ava Gardner, Elizabeth Taylor ont cessé de tourner – non qu'elles ne le souhaitent plus, mais parce que personne ne les sollicite.

Dans la ouate de son palais, les mouvements de société ont glissé sur elle comme l'eau sur le teck verni des Riva au mouillage dans le port de Monaco. Elle est restée de son temps. La femme libre d'hier s'est toujours considérée comme féministe, mais elle se défie des mouvements organisés. Lorsque son amie Rita Gam évoque, enthousiaste, le Women's Lib, Grace lui réplique sèchement :

— Je trouve que ces femmes sont dégoûtantes[1].

Pis, elle n'a vu que de très loin s'opérer la révolution des années 1960, le pouvoir accordé à la jeunesse et la désagrégation de la cellule familiale. Une génération a passé. Grace la rebelle se retrouve conservatrice, au moment même où ses enfants se confrontent aux turbulences de l'adolescence. Albert est celui qui tient le plus de son caractère. Il a son côté introspectif et réservé.

— Un jeune homme calme mais fort, rêveur, facile à vivre. Un être d'une grande douceur, dira-t-elle.

À six ans, alors qu'une femme lui demandait ce qu'il comptait faire quand il serait grand, Albert a répondu :

— Moi, madame, je n'ai pas le choix.

Programmé pour prendre la succession de son père, il suivra les cours du lycée Albert-Ier de Monaco où il décrochera son bac en 1976, avant de poursuivre des études en science politiques à l'Amherst College, une université du Massachusetts, près de Boston. Passionné de sport au point de participer au Paris-Dakar et aux compétitions de bobsleigh des Jeux olympiques, il aime les voitures et les belles filles, ne dédaigne pas les soirées festives avec sa bande de copains, mais il sait aussi jusqu'où ne pas aller. Au Jimmy'z, le club de Régine à Monaco, on est entre soi : les appareils photo doivent rester au vestiaire. Pas de risque de fuite dans la presse…

---

1. Cité par Robert Lacey, *op. cit.*

*

Avec Caroline, les choses seront plus compliquées. Brillante, elle est inscrite à quatorze ans au couvent St Mary d'Ascot, en Angleterre. Uniforme bleu, chambres individuelles, mais sorties limitées : c'est l'une des adresses les plus prisées des grandes familles catholiques européennes. Deux ans plus tard, elle en sort avec son diplôme de fin d'études secondaires. Fière de ses résultats, Grace commentera :

— Elle est plus sage que je ne l'étais à son âge – et que je ne le serai jamais probablement !

Mais, dès son retour, Caroline se montre distante avec sa mère. Elles qui se disaient tout ne se confient presque plus rien. Grace sait qu'une adolescente a besoin de préserver ses secrets, mais, plus que du silence, c'est une forme de rejet qui semble s'installer. Caroline suffoque : elle veut qu'on la considère pour elle-même, non parce qu'elle représente une prestigieuse lignée, avec son lot d'obligations et de servitudes.

— Mais pourquoi faut-il que je sois princesse ? Je déteste cela[1] !

Caroline souhaite poursuivre ses études à Paris, avec pour ambition d'intégrer Science-Po, comme son père. Ses parents la confient donc à des amis. Hélas, elle ne peut sortir sans que les paparazzi la prennent en chasse. En accordant régulièrement des rendez-vous en famille à la presse, Rainier a cru maîtriser l'appétit des *picture magazines* – on ne parlait pas encore de magazines « people ». Mais c'était allumer une bombe à

1. James Spada, *op. cit.*

retardement : Caroline et Stéphanie sont entrées dans l'imaginaire collectif et le public ne demande qu'à partager leur premier flirt, leur premier soupirant, leur premier fiancé. Dans cette époque où les starlettes de la téléréalité n'ont pas encore détrôné les princesses, les deux filles de Grace font rêver toute une génération.

L'année suivante, Grace décide de s'installer à Paris, dans l'appartement princier, 18, square de l'avenue Foch. Officiellement, pour mieux s'occuper de ses enfants car Stéphanie, elle aussi, poursuit ses études dans la capitale. Qui irait lui reprocher de chaperonner ses enfants ? Mais comment ne pas voir dans ce départ une façon de s'éloigner de la principauté ? Grace, qui commence à multiplier les déplacements pour ses récitals de poésie, trouve là une manière discrète, convenable pourrait-on dire, d'échapper à l'omniprésence de son mari.

Bientôt, les photographes bivouaquent devant l'entrée de l'immeuble : trois princesses à la même adresse, sans même avoir besoin de prendre l'avion pour Monaco, ils n'en demandaient pas tant.

Caroline, elle, se laisse griser par les nuits parisiennes. De Castel à L'Élysée-Matignon, on la voit avec des artistes (Philippe Lavil) ou des fils de présidents de la République (Henri Giscard d'Estaing). Dans ces années de liberté sexuelle héritées du *Flower Power* – la pilule est en vente libre, l'avortement vient d'être libéralisé –, on s'aime sans contrainte et sans peur. Le mot « sida » est encore inconnu. On se libère de son éducation, on bouscule les codes bourgeois, on ne cherche qu'à transgresser les « ça ne se fait pas » parentaux. Caroline n'hésite pas à s'affranchir de la réserve que sa mère attend d'elle : il lui arrive de sortir avec des robes un peu trop fendues, un peu trop sexy, un peu trop provocantes. En quête d'indépendance, elle n'en fait qu'à sa tête et renvoie Grace à ses propres paradoxes.

— Elle avait beaucoup de mal à culpabiliser Caroline sur sa conduite, commentera Don Richardson, car celle-ci connaissait certains épisodes du passé de sa mère. Elle ne se gênait pas pour lui faire remarquer qu'elle non plus, dans sa jeunesse, n'avait pas été un modèle de vertu. Il était bien délicat pour Grace de se comporter en moralisatrice vis-à-vis de Caroline...

Les choses se compliquent lorsque Caroline, à dix-neuf ans, s'entiche d'un certain Philippe Junot. Fils de député, homme d'affaires, fêtard impénitent, il a dix-sept ans de plus qu'elle. Bling-bling avant l'heure, fréquentant davantage les discothèques à la mode que son bureau, c'est un jouisseur au charme *raffish* – voyou et canaille. Il est de ces play-boys incandescents qui brûlent tout sur leur passage, à commencer par les illusions. Le type même de l'homme qu'aucune mère ne souhaite pour sa fille.

Fier comme un coq d'avoir accroché une princesse à son tableau de chasse, Philippe Junot la demande en mariage. Caroline ne demande que cela : l'indépendance, enfin ! Grace est prise au piège. Refuser, c'est entrer en conflit avec sa fille, avec les risques que cela comporte, notamment de scandale étalé sur la place publique ; mais c'est aussi nier la jeune femme qu'elle a été, quand bien même cela fait vingt ans qu'elle ne cesse de l'ensevelir au plus profond d'elle-même.

Comme sa propre mère, lorsqu'elle avait voulu épouser Oleg Cassini – pas si différent de Junot, la sophistication en moins –, Grace va proposer un « moratoire » à sa fille : elles en reparleront dans un an. Elle espère que

Caroline se détachera de Philippe comme elle s'était éloignée d'Oleg. Mais sa fille ne fera pas marche arrière, acculant Grace dans le rôle de la mère victorienne sommant Rainier de mettre son veto et menaçant de vivre en concubinage avec son prétendant – comble du *shocking* dans le monde aristocratique. Le couple princier finira par céder. Le mariage sera célébré dans la chapelle privée du palais, à Monaco, le 29 juin 1978.

— Je souhaite me tromper, mais ce mariage ne durera pas deux ans, lâche Grace à une amie.

Caroline ne cherche en réalité qu'à s'émanciper, mais, de disputes en réconciliations, sur fond de rumeurs sur les frasques de Junot, le couple vacille. La jeune épouse trouve de plus en plus souvent refuge auprès de sa mère, laquelle, au lieu de s'enferrer dans les reproches et les « je te l'avais bien dit », se montre des plus ouvertes.

— Maman était très présente, commentera-t-elle. Je n'osais pas divorcer ni même en parler. Chez les catholiques, on est censé prendre son mal en patience. Mais maman m'a dit : « Il faut que tu divorces. » Je lui ai demandé comment elle pouvait parler ainsi. J'ai expliqué que je cherchais une solution, mais elle m'a répondu : « La religion est faite pour aider les gens, pas pour les faire souffrir[1]. »

En octobre 1980, Philippe Junot reçoit les papiers du divorce. Pour Grace, rien n'a jamais été plus important que le bonheur de ses enfants.

1. Jeffrey Robinson, *op. cit.*

19

Rapprochement

En 1974, Grace s'envole pour New York. Elle doit participer à l'hommage que la Film Society of Lincoln Center a décidé de rendre à Alfred Hitchcock. Jusque-là, elle s'était toujours tenue à l'écart des invitations liées à son passé d'actrice, mais, cette fois, elle a dit oui, par respect pour celui qui lui a offert ses plus beaux rôles. En outre, ce déplacement sans Rainier revêt pour elle une signification autrement plus profonde : c'est un voyage intérieur, une manière non de renouer avec son passé, mais d'en faire le deuil définitif. Boucler la boucle pour mieux avancer.

Mais il faut toujours compter avec l'élément inconnu. Il ne va pas tarder à entrer en jeu.

En 1976, le mythique Festival d'Édimbourg se met à l'heure du bicentenaire de la Déclaration d'indépendance des États-Unis. Pour le récital de poésie, intitulé « The American Heritage », l'organisateur, John Carroll, contacte Grace sur la recommandation de Gwen Robyns. Rainier n'y voyant pas d'inconvénient, elle accepte et renoue avec tout ce qui fait la magie de la scène : le trac, le plaisir de donner vie à un texte, la communion avec le public. L'actrice rangée retrouve la fièvre de ses débuts. La critique est unanime. Aussitôt,

John Carroll lui soumet l'idée d'une nouvelle soirée autour de Shakespeare à Stratford-upon-Avon. Cette fois encore, il ne doit y avoir qu'une représentation, mais le succès est tel qu'on la réclame aux États-Unis. Elle s'y produit dans six villes, dont Philadelphie, au côté de Richard Pasco, dans un autre récital intitulé « Oiseaux, bêtes et fleurs ».

Jusqu'à la fin de sa vie, elle poursuivra ses lectures poétiques, en Amérique comme en Europe. Tant qu'elle ne s'éloigne pas durablement du Rocher, Rainier n'y voit pas d'inconvénient. Il mettra toutefois deux ans avant d'aller applaudir sa femme, ayant pris conscience que les spectacles de Grace contribuent au rayonnement de la principauté : pour une fois, on ne parle pas de Monaco comme d'un paradis fiscal.

*

Parallèlement, Grace va renouer avec les plateaux. Si Rainier a refusé qu'elle effectue son retour au cinéma dans *Le Tournant de la vie* d'Herbert Ross – son rôle sera finalement tenu par Shirley MacLaine –, il donne son aval pour qu'elle participe à *The Children of Theatre Street*, un documentaire sur l'école de danse du Kirov de Saint-Pétersbourg, qui a formé des étoiles nommées Nijinski, Pavlova ou Noureev. Sa participation est modeste : elle se contente d'en être la narratrice, filmée tantôt sur le toit du Palais Garnier à Paris, tantôt sur le port de Monaco, mais elle s'acquitte de sa tâche avec son sérieux habituel, n'hésitant pas à écrire elle-même la majeure partie de ses textes.

— Le premier jour de tournage, j'étais un peu embarrassé car je ne savais pas comment m'adresser à elle, se souvient Robert Dornhelm. Finalement, je lui ai dit : « Votre altesse… » Elle m'a regardé dans les yeux et m'a dit : « Pourquoi ne m'appelez-vous pas Grace ? Dans le cinéma, on m'a toujours appelé par mon prénom. »

Le film sera nommé pour l'Oscar du meilleur documentaire et Robert Dornhelm, malgré leur différence d'âge, deviendra l'un de ses intimes. Autrichien né en Roumanie, réfractaire au conformisme, vêtu avec décontraction, il a la fougue et l'insolence de ses trente ans : vingt-deux de moins qu'elle. Il ne s'embarrasse pas des codes de la principauté. Un jour, il n'hésite pas à prendre le soleil sur l'une des pelouses de l'Hôtel de Paris. Un policier lui demande de se déplacer. Le ton monte, il se retrouve au poste.

— Je n'avais pas mes papiers sur moi. J'ai demandé qu'on appelle la ligne directe de Grace… Quand je suis revenu au palais, j'étais furieux. Je me souviens avoir dit : « Mais c'est un régime policier, ici ! » Le prince m'a répondu : « Dites-moi le nom du policier. » Puis il a ajouté : « Il a très bien fait son travail. Il mérite une médaille. » Moi, je me fichais du protocole. Je ne faisais pas partie de la jet-set. Ce monde m'était totalement étranger… J'étais l'exact opposé de tous les gens qu'elle avait l'habitude de côtoyer. Je pense que c'est pour cette raison que nous nous entendions si bien. Je venais de quitter Vienne, j'étais un aventurier, je me moquais pas mal des histoires de royauté. Et je crois qu'en un sens ça lui plaisait vraiment de dire ce qu'elle pensait.

En matière de franchise, Robert Dornhelm n'y va pas par quatre chemins. Un jour, il lui lance :

— Tout ce temps, toute cette énergie que vous consacrez à disposer des fleurs fanées, n'est-ce pas la métaphore de votre vie ?

Crime de lèse-majesté ? C'est justement ce qui lui plaît. Pour la première fois depuis qu'elle a quitté l'Amérique, on lui parle sans détour. Ils ne sont pas d'accord sur grand-chose – il arrive que Dornhelm porte une ceinture ornée d'une faucille et d'un marteau en guise de boucle ! –, mais ils prennent plaisir à échanger et à se contredire. Avec lui, elle tombe le masque. Loin des vanités de la vie mondaine, où elle doit constamment donner le change, elle s'exprime en toute liberté.

Au fil de leurs voyages pour présenter le film à l'étranger, une douce amitié se noue entre eux. *« C'est un garçon charmant qui me fait beaucoup penser à vous*, écrit-elle à Don Richardson. *Il pourrait être notre fils... »*

À Monaco, elle est toujours en représentation. Elle n'a jamais réussi à s'y faire de vraies amies. Quand elle veut s'épancher, elle retourne toujours vers celles qui furent ses demoiselles d'honneur. Sur le Rocher, c'est de ses principales collaboratrices qu'elle est le plus proche. Avec Nadia Lacoste comme avec sa secrétaire, il lui arrive de se laisser aller à quelques confidences. Mais rien à voir avec les dialogues à bâtons rompus qu'elle peut avoir avec Robert.

Durant les dernières années de sa vie, elle nouera également une relation privilégiée avec l'acteur suédois Per Mattson ou l'ex-mannequin Jim McMullen, devenu restaurateur à New York. Tous ont le point commun d'avoir moins de trente-cinq ans.

— Ce qu'elle voulait, analysera Gwen Robyns, c'était la splendeur éternelle, et ces jeunes gens la lui procuraient. Ils la flattaient, ils l'amusaient.

Sans doute est-ce aussi une manière d'éviter toute ambiguïté : l'heure n'est pas aux « cougars » ! Robert

Dornhelm confiera à James Spada sa certitude que Grace n'a jamais trompé le prince. Pour elle, la fidélité est le fondement même de son mariage. Qu'un homme ait des maîtresses – et l'on en attribuera à Rainier –, quoi de plus normal? Son père Jack était un sacré coureur et ne s'en cachait pas. Mais qu'une épouse franchisse le pas, c'est autre chose… Plaire, séduire, marivauder, éventuellement flirter, oui, peut-être, mais tromper, non. Pour elle, le mariage n'est pas seulement une union civile : c'est aussi un engagement devant Dieu. Or, dans ses périodes de détresse, sa foi a été son meilleur refuge :

— Grace se sentait en harmonie parfaite avec la religion, commentera Rainier. C'était une catholique pratiquante et sa foi était très forte, très pure. Elle était bien plus rigoureuse que moi. Même quand nous étions en voyage, le dimanche, elle insistait pour que l'on trouve une église afin d'aller à la messe. Moi, je n'y aurais peut-être pas prêté attention, mais elle jugeait cela important.

En cette fin des années 1970, Grace et Rainier sont devenus comme Jersey et Guernesey : deux îles voisines que l'on accole toujours, mais qui n'ont en commun que leur dépendance à la couronne d'Angleterre. Dans son documentaire, réalisé avec la collaboration du Palais, Frédéric Mitterrand commentera en ces termes l'évolution des rapports entre Grace et son mari :

> *Elle se sent triste et seule, jamais elle ne le montre. Ils donnent l'impression de ne plus se parler comme avant. Ni éclat ni amertume, les parallèles se rejoignent à l'infini, mais en attendant l'horizon est devenu trop vaste.*

— L'idée que ma vie a été un conte de fées relève elle-même du conte de fées, confiera Grace à Donald Spoto.

— Il n'y a absolument aucun doute à ce sujet, commentera pour sa part Gwen Robyns, l'amie de Grace. Ils faisaient croire qu'ils étaient encore très proches, mais ce n'était que façade.

Dans un article[1], Judy Kanter, autre amie de Grace, nuancera en citant cette phrase que Rainier aimait répéter : « Un bon mariage n'est pas une liaison romantique éternelle, mais une longue conversation. »

En acceptant que Grace puisse s'éloigner régulièrement de la principauté, Rainier a permis à son couple de trouver un *modus vivendi*. Rainier sera toujours reconnaissant à sa femme de n'avoir jamais cherché à forcer le destin. Elle a toujours tenu son rang. Il a du respect pour son attitude. Après plusieurs périodes de crise, leurs liens finiront par se resserrer, comme si les absences de Grace, son éloignement à Paris, ses engagements de par le monde avaient créé le manque. Loin des yeux, près du cœur… Le voici plus attentif, plus affectueux, plus prévenant. En avril 1981, pour leur vingt-cinquième anniversaire de mariage, chez Frank et Barbara Sinatra, à Palm Springs, en Californie, Rainier portera un toast à son épouse :

— Ma vie n'a plus été la même depuis que cette femme merveilleuse est entrée dans mon univers. Je l'adore. Aujourd'hui plus qu'hier. Elle est ma princesse.

---

1. Marian Christy, « I remember Grace Kelly when… », *Boston Globe*, 2 juillet 1989.

*

Robert Dornhelm fourmille d'idées. Il veut tourner un documentaire sur les enfants surdoués et consacrer un long-métrage à Raoul Wallenberg, ce diplomate suédois devenu «Juste parmi les nations» pour avoir sauvé des milliers de Juifs hongrois pendant la guerre, avant d'être arrêté par l'Armée rouge et de disparaître mystérieusement. Grace s'occuperait du casting. C'est elle également qui lui a suggéré de prendre une option sur un roman de Gore Vidal, *À la recherche du roi.*

Bientôt, Dornhelm sera celui qui donnera à Grace l'occasion de faire son retour sur les écrans. Tout commence par une idée de Grace : un film pour faire connaître le Garden Club en dehors de la principauté. Comment Rainier pourrait-il refuser ? Pour écrire le scénario, elle convie son amie Jacqueline Monsigny à prendre le thé chez elle, à Paris, avec son mari Edward Meeks. Elle est romancière, il est acteur (dans la série *Les Globe-trotters*) et, depuis leur rencontre en 1969, lors du Festival de télévision de Monaco, ils forment un couple pour le moins contrasté : autant Jacqueline, toujours maquillée et habillée de couleurs vives, est plantureuse et volubile, autant Edward, mince comme un fil de fer, arbore un look discret et cultive l'*understatement.*

— Je jouerai mon rôle de princesse et de présidente, leur lance-t-elle, mais je ne veux pas d'un documentaire. Il faudrait une vraie histoire, avec un fil conducteur.

Quelques jours plus tard, Jacqueline Monsigny tient son ressort dramatique : un quiproquo.

Un astrophysicien, allergique au pollen des fleurs, vient prononcer à Monaco une conférence sur les comètes. À l'aéroport, il se trompe de voiture et monte dans celle que la princesse a envoyée pour un journaliste spécialiste des fleurs. Conduit au palais, il se retrouve devant celle-ci, occupée à cueillir des roses. Malgré ses protestations, elle l'emmène au concours de bouquets…

Edward Meeks jouera l'astrophysicien. Après une première répétition, il est convenu de tourner en anglais, à l'occasion du concours du Garden Club. Pour le rôle du chauffeur, Grace choisit… le sien, Paul Raimondo, alors que Georges Lukomski, chef de la sécurité du palais, interprète le journaliste. En un mot, Grace Kelly invente le cinéma « indé » monégasque. Hollywood-sur-Med…

— Le prince Rainier semblait amusé par le tournage, se souvient Jacqueline Monsigny. Il venait nous rendre visite. Aimablement, il disait bonjour à tout le monde et nous proposa même de visiter sa collection privée de voitures anciennes.

Un jour, Rainier va jusqu'à se cacher dans un bosquet et jaillit coiffé d'un bonnet de bain à fleurs. Lors du concours du Garden Club, il s'invite avec son panier à fleurs, ses ciseaux et ses fils de fer pour décorer une de ses voitures de primevères et de violettes… Plus facétieux que jamais, il se prend au jeu de ce drôle de tournage.

Dix jours plus tard, le film est en boîte. Il s'intitule *Rearranged* (*Arrangement imposé* en français) et sera projeté en grande pompe au Centre de congrès de Monte-Carlo devant cinq cents invités, notables monégasques, amis et collaborateurs du film.

— Je l'aime, notre petit film, confiera Grace à Jacqueline Monsigny à l'issue de la projection.

Mieux : elle part avec Robert Dornhelm aux États-Unis avec les bobines sous le bras, afin de le montrer aux différents *networks* américain. Quelques jours plus tard, elle rappelle sa scénariste de New York :

— NBC est intéressé, mais le film est trop court pour leurs grilles de programmes. Ils veulent un cinquante-deux minutes. Peut-on rallonger le script ?

— Bien sûr…

Les deux femmes se promettent de se retrouver fin septembre pour travailler sur une *extended version*, transformant leur « petit film » en téléfilm international. Mais le destin en décidera autrement. Après la mort de Grace, Rainier refusera qu'il soit diffusé, comme s'il voulait que la dernière apparition à l'écran de la princesse demeure un souvenir intime.

— Il a reçu de grosses propositions financières, explique Dornhelm, mais après la tragédie il a pensé qu'il était inapproprié de montrer ce film qui était une petite comédie légère. Je respecte totalement sa décision. Ce n'était pas un chef-d'œuvre et je suis le premier à la reconnaître, mais c'est un bel instantané de ce qu'elle était à la fin de sa vie.

Depuis, le négatif n'est jamais sorti du palais.

*

12 août 1982. Quelques jours après le bal de la Croix-Rouge où la famille princière est apparue au grand complet, tout de blanc vêtue, Rainier et Grace embarquent à Bergen, en Norvège, sur le *Mermoz*, pour une croisière dans le Grand Nord. À la découverte des fjords et des villages inuit, ils partent sur les traces d'Albert Ier, l'arrière-grand-père de Rainier, explorateur,

paléontologue, géographe et océanographe, surnommé le « prince navigateur ».

Une semaine en tête à tête, ou presque : Albert – revenu en avril de huit mois autour du monde sur le porte-hélicoptères *Jeanne d'Arc*, avec le titre de capitaine de corvette de réserve – et sa sœur Caroline sont du voyage, ainsi qu'une poignée d'amis, dont le prince Louis de Polignac. Une pause hors du temps, hors du monde, pour un homme et une femme qui ont su surmonter leurs tensions.

— On se comprend, dit-elle à ses amis qui s'étonnent de les voir de nouveau si proches.

— Le temps est peut-être venu pour moi de changer, dit pour sa part Rainier, qui file vers les soixante ans.

Il a même offert à sa femme un théâtre à son nom, sur les bases de l'ancien Théâtre des Beaux-Arts surplombant le port, dont elle assurerait elle-même la programmation.

De son côté, Grace a désormais cinquante-deux ans. Sa silhouette s'est arrondie : trop de rétention d'eau, trop de champagne, plus assez de périodes de diète. Elle a troqué ses tailleurs serrés pour des robes amples et son visage a perdu sa finesse, mais on n'y lit aucune trace d'amertume. Le regard, au contraire, est étonnamment doux. Son quarantième anniversaire avait été une déchirure ; le cinquantième n'a été qu'un passage obligé.

— J'y penserai le 12, et le 13 j'aurai oublié, commente-t-elle, non sans avoir exigé qu'il n'y ait ni cérémonie, ni bal, ni invitations, histoire de ne pas insister sur ce cap à franchir.

Résignation au temps qui passe ? Acceptation, tout simplement. Elle regarde son existence avec philosophie, décidée à n'en retenir que le meilleur.

— Grace a adapté ses rêves à sa vie, dira sa sœur Lizanne.

Quelques semaines plus tôt, pour célébrer leur vingt-sixième anniversaire de mariage, ils sont partis à Taïwan, où Grace a rebaptisé le *Constitution*, paquebot à bord duquel elle avait débarqué à Monaco en 1956. Tout un symbole : c'est comme si tout recommençait, comme s'ils étaient prêts à un nouveau départ.

Durant la croisière, l'atmosphère est joyeuse et détendue. Lors de la soirée « Pirates », Grace, Caroline et Albert n'hésitent pas à se déguiser comme s'ils partaient à l'abordage. Un autre soir, Caroline est choisie par le magicien du bord pour participer à l'un de ses tours. Sur scène, elle s'allonge dans une caisse et se laisse scier en deux... En fait, elle a manigancé son coup avec l'illusionniste pour flanquer à ses parents la frayeur de leur vie !

Seule Stéphanie est absente. Elle a préféré rejoindre à Antigua son fiancé du moment, Paul Belmondo, dans la maison de son père Jean-Paul – un accident de ski lui vaudra quelques points de suture. Ni Rainier ni Grace n'ont voulu la contraindre à cette croisière : ils lui ont toujours tout passé.

Pourtant, depuis quelque temps, la cadette a pris le relais de Caroline dans la rubrique « soucis ». Stéphanie – qui tient à ce que ses amis l'appellent « Steph' » – est l'électron libre du clan. La « princesse rebelle », comme on la surnomme. Casse-cou et incontrôlable. Piquante et turbulente. Enjôleuse et indisciplinée. Indomptable et indomptée. Furieusement de son époque avant d'être de son rang, sous ses allures de garçon manqué, en jeans et blouson aviateur, elle est « nature » et hermétique au protocole. Entre deux virées en boîte de nuit, elle aime les balades à moto, joue au foot, pratique le karting, dévale les pistes de ski et se plaît à faire du roller skate sur l'esplanade du Trocadéro. Pour elle, la vie est un grand huit : la recherche du frisson permanent. Y compris avec les hommes.

Grace ne veut pas entrer en conflit avec sa fille. Elle a trop souffert de l'éloignement de Caroline. Mais, comme tous les parents, elle n'est pas décidée à transiger sur un point : les études. Refusant d'aller en Angleterre dans le même collège que Caroline pour ne pas s'éloigner de Paris, Stéphanie se choisit un pensionnat en région parisienne, l'institution Saint-Dominique. Mais elle s'accommode mal du règlement intérieur et de l'uniforme imposé – jupe plissée bleu marine et chemisier blanc à manches longues. À la fin de l'année, on lui fait comprendre qu'elle ferait mieux d'aller voir ailleurs. Elle trouve refuge dans une boîte à bac et décroche son bachot sans éclat. Après? Elle n'a aucune envie d'aller à la fac et rêve de mode. Sa mère lui décroche un stage chez Dior auprès de Marc Bohan, son fidèle couturier.

De retour à Roc Agel après son été à Antigua, Stéphanie annonce à sa mère qu'elle a l'intention de s'installer avec Paul et, pourquoi pas, de se lancer dans la course automobile. Elle a dix-sept ans et demi. Entre Grace et sa fille, l'explication est orageuse. Comme un ouragan...

20

L'ACCIDENT

Durant l'été 1982, Grace reçoit le journaliste Pierre Salinger, ancien attaché de presse de John F. Kennedy et correspondant en France de la chaîne ABC. À la fin de leur entretien, il lui demande :

— Je sais qu'il est trop tôt dans votre vie pour vous demander de répondre à une telle question, pourtant, de quelle manière aimeriez-vous un jour que l'on se souvienne de vous ?

— J'aimerais que l'on se rappelle que je me suis toujours efforcée de bien faire mon travail. J'ai tâché d'être compréhensive et aimante. Je voudrais que l'on conserve de moi le souvenir d'une personne qui s'est conduite convenablement et qui s'est efforcée d'être utile aux autres.

Ce sera sa dernière interview. Aurait-elle voulu rédiger son épitaphe, elle n'aurait pas fait mieux. Comment ne pas être frappé par sa dimension testamentaire ? Quelques semaines plus tard, en effet, Grace est rattrapée par son destin.

*

Un week-end comme les autres, un de ces moments qui se perdent dans la mémoire, se confondent avec le précédent ou le suivant : la vie qui passe…

Pourtant, chaque membre de la famille Grimaldi se souvient de ce deuxième week-end de septembre 1982. On n'oublie jamais le dernier moment passé ensemble, le dernier coup de fil, on ne se départ pas de la culpabilité de ne pas avoir dit l'essentiel, d'avoir mis des points de suspension là où la vie – ou plutôt la mort – décide de mettre un point final.

En cette fin de semaine, Grace et Rainier se reposent à Roc Agel avec Caroline, Stéphanie et Albert. Robert Dornhelm passe pour évoquer les séquences à ajouter sur *Rearranged*:

— Je l'ai trouvée assez abattue. Déprimée et malheureuse. Elle était contrariée par Stéphanie et traînait un mauvais rhume depuis sa croisière en Norvège. J'ai essayé de la faire rire. D'habitude, j'y parvenais. Mais pas cette fois.

Grace et lui conviennent de se revoir dans la semaine à Paris, où elle doit accompagner Stéphanie pour sa rentrée. Marc Bohan s'est proposé d'aller chercher Stéphanie à Orly, mais Grace a insisté pour l'emmener elle-même.

Le dimanche, Caroline part pour Londres et Albert file en Italie avec des amis pour assister à un match de football – il rentrera tard dans la nuit. Grace reçoit un coup de fil de Phyllis Blum, son ancienne secrétaire, désormais installée outre-Manche, pour organiser son prochain voyage en Angleterre, où elle doit mettre au point le programme de son prochain récital de poésie. On parle d'une nouvelle tournée américaine.

Dans la soirée, Gwen Robyns prend de ses nouvelles. Grace se plaint une nouvelle fois de migraines. Depuis six mois, elles sont de plus en plus fréquentes, de plus en plus douloureuses, comme si sa tête allait exploser. Gwen confirme lui avoir pris un rendez-vous chez un gynéco londonien spécialiste de la ménopause, qu'elle surnomme « les dents de la colère » : y a-t-il un rapport de cause à effet ? Cela ne coûte rien de le consulter…

Malgré la douceur du mois de septembre sur la Côte d'Azur, un froid polaire glace les relations entre Stéphanie et sa mère. Grace est écartelée entre le souci de ne pas commettre les mêmes erreurs qu'avec Caroline – qui ont conduit à un mariage catastrophique – et la volonté de ne pas céder. Ces dernières semaines, à ses amis Don Richardson, Rita Gam et Gwen Robyns, elle a parlé d'« une situation de m… ». La tension est telle entre la mère et la fille que Robert Dornhelm, habitué du ranch, se dit soulagé de partir…

Lorsque Grace se lève le lundi matin, l'aube est claire et le soleil brille. Rainier part dès 8 h 15 pour la principauté, Grace réveille Albert et Stéphanie. Pendant qu'ils prennent leur petit-déjeuner, elle remplit de valises et de boîtes à chapeaux le coffre de sa voiture, avant d'étaler quelques robes sur la banquette arrière, pour ne pas les froisser.

Il n'y a pas de place pour trois et Grace, chemisier blanc, jupe beige, lance à son chauffeur :

— Je conduirai.

— Il vaudrait mieux que je me charge de vos robes, répond-il. Je reviendrai les chercher.

— Mais non, ne vous en faites pas, c'est plus simple que je conduise moi-même.

Depuis qu'elle a grillé une priorité dans la principauté, à l'angle de la rue Garibaldi et de la place d'Armes, et embouti la voiture d'un Italien qui, faute de l'avoir reconnue, a failli en venir aux mains avec elle, Grace s'est jurée de ne plus conduire. Mais elle n'en a rien fait. Renoncer à conduire, c'était renoncer à sa liberté. Désormais, elle redouble de prudence au volant. Ses enfants la taquinent souvent à ce sujet :

— On arriverait plus vite à pied !

Il est 9 h 40 quand la Rover 3500S V8 marron à boîte automatique immatriculée 6359 MC, offerte par Rainier dix ans plus tôt, franchit le portail vert de la propriété princière et s'engage sur la route de Roc Agel. Ni la conductrice ni sa passagère n'ont bouclé leur ceinture de sécurité : si, en France, son port est obligatoire depuis 1973, il ne l'est pas dans la principauté (et ne l'est toujours pas quarante ans plus tard). Puis la voiture s'engage sur la D37. Elle roule à allure modérée car un camion la rattrape.

Après avoir correctement négocié une première épingle à cheveux, tout bascule, comme le racontera le routier :

> *J'ai vu la voiture faire d'importants zigzags, heurtant presque les rochers situés du côté gauche de la chaussée.* [...] *J'ai ralenti et je l'ai klaxonnée. Les manœuvres bizarres effectuées par le véhicule me donnaient l'impression d'être effectuées par un conducteur pris de malaise ou de sommeil.* [...] *À vingt mètres d'un nouveau virage enlacé, la voiture s'est remise à prendre de la vitesse subitement. Immédiatement, j'ai pensé que la voiture n'arriverait pas à prendre le virage. Je n'ai vu aucun stop s'allumer et j'ai vu la voiture s'envoler littéralement*[1].

La Rover décapite un pin et plonge dans le vide, comme lancée sur un tremplin de saut à ski : après une

1. Procès-verbal des 13 et 14 septembre.

chute de quarante mètres, elle s'écrase dans les buissons, effectue une série de tonneaux et finit par s'immobiliser contre un pilier en ciment du jardin de la villa Jean-Pierre, dans un nuage de poussière.

La pendule de la Rover s'est brisée dans le choc. Ses aiguilles indiquent 9 h 54 pour l'éternité.

*

Le fracas est assourdissant. Les riverains sortent de chez eux et accourent vers la voiture, les quatre roues en l'air, à moitié enfoncée sur le toit et sur le flanc droit. Stéphanie cherche à sortir par la porte conducteur, faussée par le choc, et n'y parvient pas. Michel Pierre et Jacques Provence, qui travaillent à Monaco à l'hôtel Loews, se saisissent d'une masse pour démonter la porte. Stéphanie, le visage ensanglanté, car les plaies de son accident de ski nautique se sont rouvertes, parvient à s'extraire seule. Titubante et en pleurs, elle parvient à dire aux deux hommes, rejoints par le propriétaire de la villa, Sesto Lequio :

— La princesse Grace est dans la voiture ! Je suis Stéphanie... Appelez mon père, le prince...

L'épouse de Jacques Provence la recueille et se charge d'alerter les secours. Grace gît à l'arrière de la voiture, sur le dos, inanimée, une jambe retournée, la tête appuyée sur la lunette arrière. Faute de s'être attachée, faute aussi d'appuie-tête, elle a glissé durant les tonneaux. Son caniche a été tué sur le coup. Quelques flammes menaçant d'embraser la voiture, Jacques Provence s'empare d'un tuyau d'arrosage alors que Sesto Lequio rentre chez lui à la recherche de son extincteur : à son retour, le début d'incendie est déjà jugulé. Jacques Provence demande que personne ne touche le corps de la princesse avant l'arrivée des sauveteurs.

— Je n'avais jamais vu quelqu'un d'aussi blanc, confiera-t-il. Je n'aurais jamais pu supposer que quelqu'un puisse devenir aussi blanc, diaphane, exsangue[1].

En vertu des accords entre la France et la principauté, lorsqu'un accident survient aux abords de Monaco, les secours les plus proches doivent intervenir, sans considération de territoire ni de nationalité. En toute logique, les pompiers de Monaco dépêchent donc une ambulance afin de transporter les victimes à l'hôpital Princesse-Grace, à moins de sept cents mètres à vol d'oiseau.

Le Palais averti, le prince Rainier prend aussitôt la direction du lieu de l'accident avec son secrétaire personnel et le chef des gardes du palais : il arrivera juste avant que l'ambulance ne prenne la route. Les secouristes ont dû briser la lunette arrière pour désincarcérer la princesse.

Dès les premiers examens, il apparaît que la vie de Stéphanie n'est pas en danger. Souffrant d'une vertèbre fêlée, elle pourra rentrer chez elle, avec une minerve, dans une quinzaine de jours.

Pour Grace, hormis les nombreuses plaies à la tête et au thorax, les premières radios révèlent une fracture de la hanche et de la clavicule. Rien de grave en apparence, et les premiers communiqués officiels vont dans ce sens : « état satisfaisant », « les jours de Grace ne sont pas en danger ». Rainier lui-même se

1. « Un jour un destin », France 2, août 2007.

montre rassurant avec ses proches. Mais lorsque Charles-Louis Châtelain, chirurgien-chef de l'hôpital, braque une lumière sur les yeux de Grace, une seule des pupilles se contracte puis se dilate. L'autre ne réagit pas. Il est dès lors évident que son inconscience est le résultat d'une lésion cérébrale[1].

Charles-Louis Châtelain décide alors de faire appel à un confrère de réputation internationale, le professeur Jean Duplay, patron du service de neurochirurgie de l'hôpital Pasteur de Nice. À son arrivée, ce dernier constate que l'hôpital Princesse-Grace ne dispose pas de CAT-scan, une technologie récente permettant les examens nécessaires avant d'opérer. Quoi qu'il en soit, Grace est sous l'effet du Gamma OH, un anesthésique qui lui a été injecté lorsqu'elle a été placée sous respiration artificielle, afin de soulager ses souffrances. Pour mesurer son activité cérébrale, il convient d'attendre que les effets du narcotique se soient dissipés.

Faut-il transporter Grace à Nice ou ailleurs en hélicoptère ? Décision est prise d'utiliser le seul CAT-scan de Monaco, celui du Dr Pierre-Yves Maurou. Son cabinet est situé au dernier étage d'un immeuble dont l'ascenseur ne peut accueillir que deux ou trois personnes debout. C'est donc par l'escalier en colimaçon que Grace est hissée jusque chez lui, sanglée sur une civière, son ballon d'oxygène et ses tubes d'injection intraveineuse maintenus tant bien que mal au-dessus d'elle.

---

1. Considérations médicales rapportées d'après la rubrique « Doctor's world » du Dr Lawrence K. Altman, parue dans le *New York Times* du 21 septembre 1982. Pour cet article, il a interviewé le Dr Châtelain et le Dr Duplay.

Il est près de minuit quand l'examen révèle deux zones distinctes de lésions cérébrales : une première, en profondeur, semblant indiquer que Grace a eu une attaque ; une seconde, dans la région frontale, d'origine traumatique, résultat d'un impact physique. Devant la gravité des blessures, le professeur Duplay rend son verdict : il n'y a rien à faire, rien à tenter, toute opération est inutile.

Grace est ramenée à l'hôpital, dans la chambre 212. La nuit n'amène aucune amélioration et le mardi, au fil des heures, l'encéphalogramme est de plus en plus plat, jusqu'à atteindre la *flat line*, signe de mort cérébrale. En début de soirée, le professeur Châtelain prend à part Rainier, Albert et Caroline, revenue de Londres.

— Nous avons parlé longuement, commentera Rainier. Il était très gentil et compréhensif. Il nous a déclaré qu'il était inutile de la maintenir en réanimation. Il nous a montré les graphiques et nous a dit qu'on devrait couper l'appareil. C'était horriblement difficile sur le plan affectif. Mais, d'un point de vue rationnel et humain, c'était la seule chose à faire. Il n'y avait aucune raison de laisser la machine fonctionner[1].

Rainier, son fils et sa fille retournent dans la chambre pour un dernier adieu. Puis ils quittent la pièce, laissant Grace entre les mains du professeur Châtelain.

Peu avant minuit, une dépêche tombe sur les téléscripteurs de l'AFP : « Son Altesse la princesse Grace est morte ce soir à 22 h 15. »

Au petit matin, un voile étrange, lourd et douloureux, enveloppe la principauté : celui de la tristesse et de l'incrédulité. Les Monégasques accueillent

1. Jeffrey Robinson, *op. cit.*

la nouvelle avec consternation, mais aussi perplexité. Ne leur avait-on pas parlé d'un « pronostic favorable » ?

Le banal accident de la route s'est transformé en tragédie.

21

L'ENQUÊTE

La presse avait dévoré la vie de Grace Kelly. Elle va dévorer sa mort.

Dès l'annonce de son décès, le *National Enquirer*, numéro un des tabloïds, expédie en Concorde neuf reporters à destination de la principauté, afin de recueillir des témoignages. Le journal achète une Rover 3500 identique à celle de Grace afin de reconstituer la scène de l'accident et illustrer un article dont le coût total s'élèvera à 150 000 dollars – sans doute le plus cher jamais publié. Mais le « retour sur investissement » sera considérable : six millions d'exemplaires vendus !

Sesto Lequio est l'homme par qui les rumeurs surgiront. Comprenant le parti qu'il peut tirer du drame, il n'hésite pas à négocier ses confessions « exclusives » à plusieurs journaux. En répétant qu'il a lui-même extrait Stéphanie par la portière gauche, celle du conducteur, il instille le doute. Puisque le Palais princier a caché la gravité de l'état de santé de Grace, pourquoi n'aurait-il pas caché que Stéphanie était au volant ? Or la princesse, âgée de dix-sept ans, n'a évidemment pas le permis… Cette spéculation fait aussitôt les choux gras des journaux, y compris les plus sérieux. Cinq jours après le drame, *Le Monde* écrit :

Quelles raisons ont commandé un optimisme qui n'était pas de mise et qui, moins de vingt-quatre heures plus tard, se trouvait cruellement démenti? Faut-il les trouver dans les circonstances mêmes de l'accident? [...] *Si l'on a la certitude que la princesse Grace et sa fille se trouvaient seules dans la Rover, on ne sait pas laquelle des deux était au volant. Le Palais princier a toujours assuré que Grace de Monaco conduisait. Le doute demeure malgré tout*[1].

Personne ne croit à la version du Palais, et pour cause: à force de circonvenir les fouineurs, il apparaît plus proche, en matière de communication, du Kremlin que de la Maison Blanche. L'excès de contrôle ne fait qu'alimenter la machine à fantasmes. Quand le Palais délivre une information, les journalistes ont pris l'habitude de prendre le contre-pied: que cherche-t-on à leur cacher? Pourquoi, par exemple, a-t-il été affirmé que Rainier était allé directement à l'hôpital, alors qu'il s'est d'abord rendu sur les lieux du drame? Y aurait-il anguille sous roche?

L'accident s'étant produit en territoire français, une enquête policière a été lancée dans l'Hexagone. Sitôt avertie du drame, la gendarmerie de La Turbie contacte le capitaine Roger W. Bencze, commandant la compagnie de Menton, et lui parle d'« un accident banal impliquant deux personnes qui ne le sont pas », sans préciser leur identité. Sa présence est nécessaire pour mener les investigations qui seront consignées dans le procès verbal des constatations et des mesures numéro 1735 de l'année 1982, sous le libellé « accident mortel de la circulation ».

1. *Le Monde*, 17 septembre 1982.

*

Fils d'un vétéran d'Omaha Beach qui s'est marié avec une Française après le Débarquement, possédant la double nationalité française et américaine, Roger W. Bencze a mené avec succès de nombreuses opérations antidrogue dans les Alpes-Maritimes, avant d'être nommé en 1998 représentant de la France au Commandement américain de lutte contre les trafics illégaux basé à Key West, en Floride. Alors qu'il devait prendre sa retraite de la gendarmerie nationale, ses supérieurs américains lui ont proposé de continuer à travailler avec eux, sous statut US. À soixante-quatre ans, il dirige en 2013 la division des affaires internationales de la Joint Interagency Task Force. Son parcours exceptionnel plaide pour son sérieux : c'est un homme ouvert et rigoureux, qui aime la précision et l'efficacité, mais déteste se mettre en avant. Depuis qu'un journaliste a abusé de sa confiance en lui faisant dire le contraire de ce qu'il pensait, il s'est juré de ne plus évoquer le « cas Grace ». Il a pourtant fini par accepter de me recevoir pour évoquer une dernière fois le dossier et mettre un terme définitif aux rumeurs.

Le lundi 14 septembre 1982, il est 10 h 30 lorsqu'il arrive dans le dernier virage de la D37. L'ambulance vient de partir, de même que le prince. Les gendarmes de La Turbie sont en train d'établir un périmètre de sécurité et de relever les premiers indices. Roger W. Bencze interroge séparément Jacques Provence et Michel Pierre : tous deux confirment avoir arraché la porte de la Rover, « ce qui a permis à Stéphanie de sortir seule, même s'ils lui ont tendu la main pour l'aider ».

Pour sa part, Sesto Lequio assure avoir lui-même extrait la princesse du véhicule et éteint le moteur en flammes à l'aide de son extincteur, alors que l'on ne retrouvera aucune trace de produit. Horticulteur issu d'une famille italienne, âgé de soixante-deux ans, Sesto Lequio est, selon Roger W. Bencze, « un homme simple et sans prétention, qui ne sait ni lire ni écrire le français ». Incapable de relire sa déclaration, il la signera d'ailleurs d'une croix. Tout au long des différentes interviews qu'il accordera à la presse, il maintiendra sa version. Forfanterie ? Désir de jouer un rôle plus important que le sien ? Tendance naturelle à l'exagération ? Il ira jusqu'à confier à James Whitaker, du *Daily Mirror*[1], avoir entendu la princesse dire : « Je veux vous convaincre que c'est moi qui conduisais. » Comment Grace aurait-elle pu tenir de tels propos, alors que les autres témoins, y compris les secouristes et gendarmes arrivés en premier, ont tous assuré qu'elle était inconsciente ?

Les déclarations de Sesto Lequio sèment le trouble. Il suffit pourtant d'observer la photo de la voiture accidentée – reproduite pour la première fois dans ce livre – pour comprendre que Stéphanie ne pouvait faire autrement que sortir du côté conducteur : sauf à retourner la voiture, c'était l'unique issue. Il lui était impossible de sortir par la portière droite, à demi écrasée contre le sol.

Mais les rumeurs vont bon train. Dans *Libération*, on apprend que « la voiture [a été] enlevée en un temps record, au nez et à la barbe des gendarmes ». À l'arrivée des premiers photographes, la Rover, recouverte d'une

1. Édition du 16 septembre 1982.

épaisse bâche noire, se trouve déjà sur une remorque. Le Palais a-t-il délibérément soustrait une pièce à conviction?

— Non, dément formellement Roger W. Bencze. Dès la fin des constatations, j'ai personnellement demandé que l'on évacue le véhicule car je ne voulais pas qu'il devienne un objet de curiosité, d'autant que c'était une pièce importante. Le Palais m'a proposé de l'entreposer dans un garage situé en territoire français, à Roquebrune, mais propriété monégasque. J'ai accepté. Elle a été placée sous scellés et nous y avions accès quand nous voulions. Dès l'accident, la voiture a été inspectée par les gendarmes.

> *Première mise en circulation: 1972. Assurance: UAP. Pare-brise avant: brisé. Pare-brise arrière: brisé. Clé de contact: cassée dans le contacteur. Pneus: présentent des sculptures apparentes sur toute la surface de roulement, aucun n'a éclaté. Ils sont de marque identique. Embrayage automatique: réglé sur conduite standard. Kilométrage au compteur: 25 540. Radio: éteinte. Téléphone intérieur: brisé. Volant tordu, aucun contrôle. Roues avant: faussées. Ceintures de sécurité: suspendues. Pédale de frein: aucun contrôle possible.*

La Rover sera examinée l'après-midi même, à 16h30, en présence du procureur général de Nice, par Joël Anton, un expert automobile travaillant pour les compagnies d'assurances et pour la gendarmerie de Menton.

Roger W. Bencze n'a pas voulu écarter la piste d'un possible sabotage: dans l'amas de tôle froissée, l'expert ne constatera cependant aucun circuit coupé, aucun raccordement défait. Mais, en fin d'après-midi, le Palais prend de cours l'enquête policière en publiant un communiqué affirmant que l'accident est dû à une défaillance des freins. Encore une approximation qui ne fera qu'épaissir les zones d'ombre. Prudent, Joël Anton a noté : « En l'absence de tout examen approfondi sur le système de freinage, je ne peux vous en dire plus. » Plus tard, la firme Rover missionnera deux ingénieurs pour procéder à un examen approfondi de l'épave : ils concluront que les freins étaient en parfait état de marche. Soucieux de sa réputation, le constructeur obtiendra même que le Palais publie un communiqué démentant ses premières affirmations.

Dans la foulée, Roger W. Bencze interroge celui qu'il considère comme le « témoin clé » : Frédéric Mouniama, vingt-quatre ans. Gendarme à La Turbie, il a vu passer la voiture princière à 9 h 45.

> *Je me trouvais dans le centre du village de La Turbie, rue du général de Gaulle, à hauteur de la boulangerie Boule de neige. J'ai alors vu un véhicule de marque Rover marron se dirigeant vers le centre de l'agglomération. J'ai immédiatement reconnu à l'intérieur la princesse Grace et la princesse Stéphanie. Cette dernière était assise côté passager, la princesse Grace au volant du véhicule. Je suis formel quant à la position des personnes à bord du véhicule car, arrivée à ma hauteur, Grace a marqué l'arrêt afin de me laisser la priorité sur le passage piétons matérialisé à cet endroit*[1].

Neuf minutes plus tard, l'accident se produit. Yves Phily, le conducteur du camion qui suivait la voiture princière, est de nouveau entendu.

---

1. Procès-verbal, 13 septembre, 16 heures.

En ce qui concerne les passagers, le pare-brise arrière étant teinté, je ne peux vous préciser avec certitude quelle place ils occupaient. Il me semble néanmoins qu'ils étaient aux deux places avant. À aucun moment, je n'ai pu distinguer s'ils étaient de sexe masculin ou féminin[1].

Les deux femmes ont-elles échangé leur place entre La Turbie et le virage fatal ? Roger W. Bencze se rend sur les lieux du drame avec le camionneur.

— Nous avons refait le chemin, affirme Roger W. Bencze. Il n'y a aucun endroit où s'arrêter sur le bas-côté pour changer de conducteur avant qu'il l'ait rejointe. Ça ne colle pas, c'est irréaliste.

Dans le sens de la descente vers Monaco, la route est bordée d'un petit muret. De l'autre côté, elle longe la montagne. Le seul emplacement possible est un terre-plein en gravier situé à côté d'un circuit pour modèles réduits, après la première épingle à cheveux. Or à cet endroit-là, Yves Phily est catégorique : il suivait déjà la Rover.

*

Dans toute enquête sur un accident mortel, la procédure veut que le (ou les) survivant(s) soi(ent) interrogé(s). Stéphanie ne le sera jamais.

Le jour même de l'accident, Roger W. Bencze s'est rendu à l'hôpital, mais on l'a poliment éconduit. De retour à la gendarmerie de La Turbie, où il a installé son QG, il reçoit par porteur spécial une note l'informant du Code de procédure pénale monégasque : « Les Princes et Princesses de la Famille souveraine et le

---

1. Procès-verbal du 14 septembre, 20 heures.

ministre d'État ne peuvent être cités comme témoins, à moins que [...] le Prince n'ait, par une ordonnance spéciale, autorisé leur comparution[1]. »

— J'ai demandé au procureur s'il souhaitait que je sollicite Stéphanie. Il m'a dit : « Si vous pensez avoir tous les éléments, ce n'est pas nécessaire, vu son état de choc. » Très honnêtement, cela n'aurait rien apporté de plus.

Roger W. Bencze est formel :

— En me fondant sur mon enquête et sur les différents témoignages, je n'ai aucun doute sur la présence au volant de la princesse Grace.

Son rapport d'enquête préliminaire est à l'unisson : Grace est désignée comme la conductrice et Stéphanie comme la passagère. Pour avoir le témoignage de cette dernière, il faudra attendre la parution du n° 2786 de *Paris Match*, le 17 octobre 2002.

— Les rumeurs n'ont pas cessé depuis vingt ans. Pourquoi avoir attendu tout ce temps? lui demande le magazine.

— Parce que je ne les supporte plus. [...] Quand je lis dans les journaux que j'ai tué ma mère, c'est tout simplement horrible. On sous-entend que je conduisais, donc que j'aurais provoqué l'accident. On n'a pas le droit de dire cela. C'est la vie qui l'a voulu ainsi.

Dans la même interview, Stéphanie affirme avoir « tiré sur le frein à main » pour essayer d'arrêter la voiture en perdition. Cela confirme l'observation de Joël Anton qui avait noté qu'il était « en position haute ».

---

1. Article 589 du Titre VIII du Code de procédure pénale monégasque, applicable aux services de police monégasques aussi bien qu'étrangers.

Aujourd'hui, reste une interrogation : qu'est-ce qui a provoqué l'accident ? Une querelle entre Grace et Stéphanie qui aurait déconcentré la conductrice ? Une faute de conduite, Grace ayant confondu la pédale de frein avec celle d'accélérateur ?

Si l'on s'en réfère aux déclarations du Pr Duplay et du Dr Châtelain, l'explication serait neurologique : la première lésion cérébrale détectée par le scanner serait le résultat d'une attaque plutôt mineure qui, dans un autre contexte, n'aurait provoqué qu'une brève perte de conscience. Mais Grace était au volant. Elle aura perdu le contrôle de sa voiture et c'est l'impact qui a provoqué la lésion fatale. Les migraines dont elle souffrait depuis quelques mois étaient les signes annonciateurs d'un mal qui avait terrassé Ma, sa mère, quelque sept ans plus tôt et l'avaient laissée diminuée, aussi bien physiquement que mentalement.

Selon différentes sommités médicales, il est impossible de dater avec certitude la chronologie de différentes lésions au simple examen d'un scanner. À ce jour, il s'agit cependant de l'explication la plus plausible de la mort de Grace.

Épilogue

Dès l'annonce de la mort de Grace, Radio Monte-Carlo interrompt ses programmes pour diffuser en continu de la musique classique. Les casinos et les boîtes de nuit de la principauté ferment leurs portes. Le lendemain, les drapeaux sont mis en berne pour huit jours. Dans les vitrines des magasins, les commerçants affichent des portraits de la princesse barrés de noir. C'est toute la principauté qui est en deuil.

Les obsèques se dérouleront le samedi 18 septembre. Il est 10 h 15 quand le cercueil d'ébène de Grace, au son des tambours et des trompettes, quitte le palais pour rejoindre cette cathédrale Saint-Nicolas où, vingt-six ans plus tôt, elle et Rainier se sont unis. Rainier, le prince bâtisseur, celui qui a dit non à de Gaulle, celui qui ne laisse jamais entrevoir en public le moindre doute, la moindre faiblesse, la moindre émotion, est fantomatique, muré dans le chagrin. Il est soutenu par Caroline, le visage voilé de crêpe noir, alors qu'Albert semble comme en retrait. Quatre des six demoiselles d'honneur de Grace ont fait le voyage, mais l'heure n'est plus à la fête et à l'insouciance. Le destin a fait coup double : c'est à la fois Grace Kelly et Grace de Monaco que l'on enterre – réunies pour l'éternité. Le conte de fées est bel et bien fini. Place au mythe.

Dans l'assistance, Cary Grant a les mâchoires crispées. Sans doute se souvient-il de la frayeur que lui a causée Grace sur la D37 lors du tournage de *La Main au collet*. Mais, cette fois, ce n'est pas du cinéma. Nancy Reagan représente le président américain et Danielle Mitterrand le président français. Mgr Jacques Martin, préfet de la maison pontificale, est l'émissaire spécial de Jean-Paul II. Le président de la République d'Irlande, Patrick J. Hellery, a fait le déplacement, de même que les plus hauts dignitaires des grandes familles européennes : le roi Baudoin de Belgique et la princesse Fabiola, la princesse Benedikte du Danemark, la grande-duchesse Joséphine-Charlotte du Luxembourg, le prince Bertil de Suède. La reine d'Angleterre a dépêché la princesse de Galles. Grace et Lady Di ne s'étaient rencontrées qu'une fois, lors d'une réception à Buckingham Palace, mais d'un regard elles s'étaient comprises : la vie de princesse n'est pas synonyme de félicité.

Plus de cent millions de téléspectateurs assisteront en direct aux funérailles de celle qui a fait rayonner le « confetti » monégasque aux quatre coins de la planète. Parmi eux, dans sa chambre d'hôpital, à quelques kilomètres de là, la princesse Stéphanie, la tête prisonnière d'une minerve. À un moment, submergée d'émotion, elle perdra connaissance. Paul Belmondo, qui l'a rejointe, éteindra le poste…

*

Grace est enterrée dans l'abside de la cathédrale de Monaco.

Le prince Rainier ne s'est jamais remarié. Il est mort le 6 avril 2005 à Monaco.

Albert a pris la succession de son père : son intronisation a été célébrée le 19 novembre 2005, à l'occasion de la fête nationale monégasque, après la période de deuil. Depuis le 1er juillet 2011, il est marié à l'ancienne nageuse sud-africaine, Charlene Wittstock. Il a reconnu deux enfants nés hors mariage, Jazmin Grace Rotolo, née en 1992 d'une relation avec une serveuse californienne, et Alexandre Coste, né de sa liaison avec une hôtesse de l'air d'origine togolaise. Pour qu'ils montent sur le trône, il faudrait un changement de la loi successorale.

Caroline de Monaco, actuelle numéro deux dans l'ordre dynastique, s'est remariée civilement en 1983 avec Stefano Casiraghi, décédé en 1990 dans un accident de bateau off-shore. Ils ont eu trois enfants : Andréa en 1984, Charlotte en 1986 et Pierre en 1987.

Depuis son troisième mariage en 1989 avec le prince Ernst August de Hanovre, elle porte le titre d'Altesse royale. Le couple a un enfant, Alexandra, mais vit désormais séparé. En 1992, après une procédure de onze ans, Jean-Paul II a annulé son mariage religieux avec Philippe Junot. Elle a pris la succession de sa mère à la présidence du Garden Club, de la Fondation Princesse-Grace et de l'Amade. Elle a créé la Compagnie des ballets de Monte-Carlo.

Stéphanie de Monaco a épousé en 1995 Daniel Ducruet, son ancien garde du corps, dont elle a deux enfants, Louis et Pauline, nés avant le mariage. Elle a divorcé en 1996 après la parution de photos de son mari en compagnie d'une strip-teaseuse. Elle a créé une ligne de maillots de bain, ouvert un magasin de jeans et s'est lancé dans la chanson : en 1986, « Ouragan » est resté dix semaines en tête du Top 50 et s'est vendu à deux millions d'exemplaires à travers le monde. « Winds of Chance », cinq ans plus tard, était un hommage à sa mère, Grace. Après une fille hors mariage, Camille, née de sa relation avec un autre garde du corps, elle a épousé en 2003 Adans Lopez Peres, un acrobate portugais dont elle a divorcé l'année suivante. Elle préside aujourd'hui le festival de cirque de Monaco créé par son père et l'association Fight Aids Monaco.

Dans la principauté, l'avenue longeant la plage du Larvotto a été rebaptisée du nom de la princesse Grace. En 2010, elle a été sacrée rue la plus chère du monde (86 000 dollars le mètre carré), devant le chemin de Saint-Hospice à Saint-Jean-Cap-Ferrat, la 5e Avenue à New York et la Severn Street de Hong Kong.

ANNEXES

I

Lettres de Grace Kelly et d'Alfred Hitchcock (1962)

Dear Hitch -

It was heart-breaking for me to have to leave the picture – I was so excited about doing it and particularly about working with you again –

When we meet I would like to explain to you myself all of the reasons which is difficult to do by letter

or through a third party -
It is unfortunate that
it had to happen this
way and I am deeply
sorry — Thank you
dear Hitch - for being
so understanding and
helpful — I hate dis-
appointing you — I
also hate the fact
that there are probably
many other "cattle"
who could play the
part ~~equally as~~ well —
Despite that I hope
to remain one of
your "sacred cows" —
with deep affection -
Grace —

ALFRED HITCHCOCK

Dear Grace,

Yes it was sad, wasn't it. I was looking forward so much to the fun and pleasure of our doing a picture again.

Without a doubt, I think you made not only the best decision, but the only one.

After all, it was 'only a movie'!

Alma joins me in sending our most fond and affectionate thoughts for you.

Hitch

P.S Enclosed is a recording I have made for R. To be played privately. H.

II
Filmographie de Grace Kelly

Cinéma

1951 :
Quatorze heures (*Fourteen Hours*), de Henry Hattaway. Avec Paul Douglas, Richard Basehart, Barbara Bel Geddes. Rôle : Louise Ann Fuller.

1952 :
Le train sifflera trois fois (*High Noon*), de Fred Zinneman. Avec Gary Cooper, Katy Jurado, Lloyd Bridges, Thomas Mitchell. Rôle : Amy Fowler Kane.

1953 :
Mogambo, de John Ford. Avec Clark Gable, Ava Gardner, Donald Sinden, Philippe Stainton. Rôle : Linda Nordley.

1954 :
Le crime était presque parfait (*Dial M for Murder*), d'Alfred Hitchcock. Avec Ray Milland, Robert Cummings, John Williams. Rôle : Margot Mary Wendice.
Fenêtre sur cour (*Rear Window*), d'Alfred Hitchcock. Avec James Stewart, Wendell Corey, Thelma Ritter, Raymond Burr. Rôle : Lisa Carol Fremont.
Les Ponts de Toko-Ri (*The Bridges at Toko-ri*), de Mark Robson. Avec William Holden, Fredric March, Mickey Rooney, Earl Holliman. Rôle : Nancy Brubaker.

Une fille de la province (*The Country Girl*), de George Seaton. Avec Bing Crosby, William Holden, Anthony Ross, Gene Reynolds. Rôle : Georgie Elgin.
L'Émeraude tragique (*Green Fire*), d'Andrew Marton. Avec Stewart Granger, Paul Douglas. Rôle : Catherine Knowland.

1955 :
La Main au collet (*To Catch a Thief*), d'Alfred Hitchcock. Avec Cary Grant, Jessie Royce Landis, John Williams, Charles Vanel, Brigitte Auber. Rôle : Frances Stevens.
Le Cygne (*The Swan*), de Charles Vidor. Avec Alec Guinness, Louis Jourdan, Agnes Moorehead. Rôle : Princess Alexandra.

1956 :
Haute Société (*High Society*), de Charles Walters. Avec Frank Sinatra, Bing Crosby, Celeste Holm, Louis Armstrong, John Lund. Rôle : Tracy Samantha Lord.
The Wedding in Monaco, de Jean Masson. Documentaire de 31 mn.

1977 :
The Children of Theatre Street, de Robert Donrhelm (commentaire).

1982 :
Rearranged (*Arrangement imposé*), de Robert Dornhelm. Avec Edward Meeks (inédit).

(le titre de l'épisode est suivi du titre de la série)

1948 :
Old Lady Robbins, Kraft Television Theatre (NBC).

1950 :
Bethel Merriday, The Philco Television Playhouse (NBC).
The Voice of Obsession, Ripley's Believe It or Not (NBC).
The Rockingham Tea Set, Westinghouse Studio One (CBS).
Ann Rutledge, The Philco Television Playhouse (NBC).
The Apple Tree, Actors studio (CBS).
The Lovesick Robber, Cads, Scoundrels and Ladies (NBC).
The Token, The Play's the thing (CBS).
The swan, The Play's the thing (CBS).
Summer Had Better Be Good, Comedy theater (CBS).
The Devil to Pay, Lights out (NBC).
The Pay-off, Big town (CBS).
Vengeance, The Clock (NBC).
Mirror of Delusion, The Clock (NBC).
Somerset Maugham TV Theatre (CBS).
The Sergeant and the Doll, Danger (CBS).
Leaf Out of a Book, The Philco Television Playhouse (NBC).
Berkeley square, The Prudential Family Playhouse (CBS).
A Kiss for Mr Lincoln, Nash Airflyte Theater (CBS).

1951 :
Lover's Leap, Armstrong Circle Theatre (NBC).
Brand from the Burning, Armstrong Circle Theatre (NBC).
The Sisters, The Philco Television Playhouse (NBC).

1952 :
Don Quixote, CBS Television workshop (CBS).
The Big Build Up, Hallmark Télevision Playhouse (NBC).
Prelude to Death, Danger (CBS).

Rich boy, The Philco Television Playhouse (NBC).
Life, Liberty and Orrin Dudley, Lux Video Theatre (CBS).
The Borgia Lamp, Lights out (NBC).
Candles for Theresa, Robert Montgommery presents (NBC).
The Cricket on the hearth, Kraft Television Theatre (NBC).
Fifty beautiful girls, Suspense (CBS).
City editor, Armstrong Circle Theatre (NBC).
Leaf Out of a Book, Goodyear Television Playhouse (NBC).
The Small Hours, Kraft Television Theatre (NBC).
Recapture, Armstrong Circle Theatre (NBC).
The Kill, Westing house Studio one (CBS).
A message for Janice, Lux Video Theatre (CBS).

1953 :
The betrayer, Lux Video Theatre (CBS).
The way of the Eagle, The Philco Television Playhouse (NBC).
Boy of mine, Kraft Television Theatre (NBC).

1954 :
The thankful heart, Kraft Television Theatre (NBC).

Table

ANNEXES

REMERCIEMENTS

Toute ma gratitude à Philippe Labro, pour ses éclairages.

À Myriam Brough pour sa présence.

À Roger W. Bencze, qui m'a reçu à Key West, et à Carole Bencze, qui a été un intermédiaire déterminant.

À tous ceux qui m'ont apporté leur témoignage – notamment Rita Gam, Brigitte Auber, Jacqueline Monsigny et Robert Dornhelm –, ainsi que les auteurs américains qui ont travaillé sur Grace – en tête desquels Jeffrey Robinson, Peter Lacey et Donald Spoto, dont le travail est exemplaire de rigueur.

À Olivier Philipponnat, pour sa vigilance et sa patience.

À Alain Pons, pour sa force de conviction.

Clin d'œil à mes deux complices, Rocky et Stella, fidèles compagnons d'écriture.

Cet ouvrage a été composé
par Atlant'Communication
au Bernard (Vendée)

Impression réalisée à Barcelone par

CPI

en mars 2016
pour le compte des Éditions Archipoche

Imprimé en Espagne
N° d'édition : 399
Dépôt légal : avril 2016